Descomplicando a vida

Direção geral: Fábio Gonçalves Vieira
Capa e ilustrações: Rodrigo de Sá Freitas Pena
Preparação, diagramação e revisão: Bruno Castro

Este livro segue as regras da Nova Ortografia da Língua Portuguesa.

Editora Canção Nova
Rua João Paulo II, s/n – Alto da Bela Vista
12 630-000 Cachoeira Paulista – SP
Tel.: [55] (12) 3186-2600
E-mail: editora@cancaonova.com
loja.cancaonova.com
Twitter: @editoracn

ISBN: 978-85-7677-873-8

PE. ROGER ARAÚJO

Descomplicando a vida

Sete conselhos para uma vida simples, serena e sensata

Canção Nova
EDITORA

Sumário

*Atribuo esta obra a tantas pessoas simples, serenas,
sensatas, amáveis e pacíficas que me ensinam a cada
dia a descomplicar os embaraços da vida.*

Para iniciar a conversa...

Em meio a tantas receitas, repostas prontas, reflexões e opiniões a respeito da vida humana, eu escuto sempre alguém pedindo orientações para as mais diversas situações da vida. Mas cada pessoa é única, e cada vida tem suas situações particulares, por isso não há respostas prontas para todas as situações da vida. O importante é saber escutar cada um de forma singular, porque quando se coloca para fora aquilo que fica preso na garganta, na cabeça e no coração, um peso enorme já sai de dentro de nós, e começamos a desenrolar os nós que estão amarrando nossa vida.

Não podemos deixar que os nós da vida se multipliquem. Não é questão de resolver todas os nossos problemas e não ter mais nenhuma dificuldade. O que não podemos deixar é que os nós da vida nos sufoquem tanto que acabem nos enforcando. Muitos dos nossos problemas e das nossas dificuldades irão nos acompanhar por toda a nossa vida, e alguns ficarão de herança para os que vierem depois. Mas podemos encarar todos eles de forma leve e branda – sem, contudo, ser indiferentes e inconsequentes com a vida.

O livro não traz fórmulas nem receitas prontas para a sua vida, mas conselhos que podem ajudar você a refletir melhor e a fazer escolhas mais prudentes e serenas diante dos desafios da existência. É óbvio que os conselhos nem sempre corresponderão exatamente às suas necessidades, mas não resta dúvida escutá-los nunca fez mal a ninguém; pelo contrário, muitas pessoas me agradecem diariamente pelos conselhos, reflexões e direcionamentos que serviram para orientar em algum aspecto de sua vida.

Diante de tantos fatores que complicam a nossa vida e a tornam mais complexa e embaraçosa, se faz urgente simplificar e descomplicar a cada dia a existência humana. Bastam algumas atitudes simples para romper barreiras, superar obstáculos, liberar energias e conceder um gosto mais saboroso à convivência cotidiana.

O que dificulta as situações é insistirmos no velho ranço e não querermos romper com rancores, medos e temores. Tudo se embaraça dentro de uma cabeça que insiste em ser complicada; pior ainda é quando não procuramos simplificar os processos mentais e liberar as coisas tóxicas acumuladas nos porões do coração.

Descomplique a vida e viva mais, melhor e com mais intensidade!

1

Não seja refém dos problemas – transforme-os em desafios a serem superados

A criança não vê problema em nada; o adulto vê problema em tudo.

Falando em problemas...

QUANDO DUAS PESSOAS SE encontram para partilhar uma boa conversa, trocar ideias e compartilhar conquistas, cada uma pode saborear da outra a intensidade do gosto de viver. Eu não posso negar que sentar para uma conversa amiga é uma das coisas mais saborosas que há na vida. É uma pena que isso tenha se tornado cada vez mais raro – os nossos encontros estão cada mais vez mais diluídos pela falta de tempo ou consumidos pela superficialidade do trato com as realidades humanas.

Nós precisamos nos encontrar mais, partilhar mais, desabafar mais, falar mais e, sobretudo, ouvir muito mais. Quando escutamos mais o outro e prestamos atenção ao que ele diz, extraímos de sua partilha de vida luzes e chaves para refletir sobre nossa própria vida.

Eu não posso ter medo de falar dos meus problemas; eu só não posso querer que o mundo gire em torno de mim por causa das minhas dificuldades e dos meus desafios.

Um erro grave que muitos de nós cometemos é falar demais sobre os nossos problemas, ou não falar nada sobre eles. Se a prudência está no meio, eu digo que uma boa conversa entre amigos nunca começa pelos problemas e nem termina com eles. Por maior que seja a angústia do nosso coração, há um conselho sábio para viver bem, enfrentando tempestades e avalanches sem submergir nas ondas avassaladoras que surgem a todo momento: *faça da paz a prioridade da sua vida.*

A paz é luz para todos os meus problemas

Eu não quis começar falando sobre problemas; quero ir direto à luz que precisamos para administrá-los, porque assim acredito que deve ser nossa postura diante deles. Quando alguém se senta para conversar comigo, e sei que ela carrega uma pilha de problemas para "despejar" sobre mim, faço questão que ela *não* comece por eles.

Prefiro que a conversa comece por coisas mais amistosas, agradáveis e serenas. Até porque a vida de ninguém é somente um mar de problemas e aflições – por mais intensas que sejam as angústias do coração, o que este coração machucado e dilacerado mais necessita é de paz interior, e não de oportunidades para ser sufocado, mergulhado e estraçalhado pelos desalentos da vida.

Jamais deixe sua vida girar em torno dos seus problemas, por maiores e mais angustiantes que sejam. Não conceda a seu coração a amargura e o veneno da tristeza, por mais triste e angustiante que sejam os dilemas que você enfrenta no momento.

Há dois caminhos para você lidar com seus problemas: com paz ou sem paz. Pode até parecer óbvio, mas o grande problema é que permitimos que nossos problemas comprometam o dom mais precioso da alma humana: *a paz interior*. Quando a agitação interior dilacera nossas forças psicológicas, ela abala o nosso físico e exerce uma pressão avassaladora sobre os nossos sentidos – assim, fica muito mais difícil vencer a batalha.

Mais do que simplesmente resolver nossos problemas, devemos priorizar a conservação da serenidade de espírito e não entregar o coração à "guerra dos sentidos". A paz interior é, acima de tudo, a sobriedade dos sentidos. Não posso deixar que a boca fale o que me vem à cabeça, que a mente se entregue aos devaneios, ou que o medo e o terror psicológico abalem o meu ser.

Um engano que precisa ser esclarecido é que a paz não é sinônimo de indiferença, pouco caso com a vida e, menos ainda, falta de consciência, compromisso e responsabilidade com nossas obrigações. Aqui, sim, há algo mais grave e preocupante: o risco de perder a sensibilidade da consciência e não se importar com nada daquilo que nos diz respeito. Não se pode confundir uma consciência laxa, distorcida ou pervertida com valores como a paz de espírito.

A indiferença e o pouco caso com os problemas – meus, dos outros e do mundo – é algo muito mais grave do que aqueles que se preocupam em excesso com tudo isso. É mais fácil dosar o excesso de sensibilidade humana do que recuperar quem já a perdeu por completo. Ao não nos ocuparmos com os desafios pertinentes e perturbadores que nos cercam, acabamos nos tornando frios e, muitas vezes, inconsequentes.

A questão não é esquecer os problemas; isso é um equívoco. A questão é saber lidar com eles de forma sensata e prudente.

A reposta mais agressiva e inconsequente que podemos dar à nossas angústias e aos problemas dos outros e do mundo é justamente "O problema não é meu". Não podemos nos render a uma mentalidade egoísta e individualista, adepta do "cada um com seus problemas" ou, ainda, do "eu já tenho problemas demais e não dou conta nem deles".

A paz de espírito se adquire com uma cabeça e um coração que buscam o equilíbrio da sensibilidade. Não se trata de cabeça quente ou fria, mas de uma cabeça ajuizada e harmônica. Não há como não se abalar ou se emocionar diante de uma má notícia, uma frustração, derrota ou insucesso. O preocupante é render a mente e o coração à tristeza e à angústia, e afundar os sentidos no abismo do fracasso.

Não trate a paz como sinônimo de ausência de guerra e de combates; na verdade, a paz se adquire e se fortalece com muito combate e purificação interior. A paz da alma é fonte de equilíbrio, serenidade e fortaleza. Ela nos mantém conscientes das nossas dificuldades e batalhas, e não nos deixa render a qualquer dificuldade ou contratempo. Ela harmoniza nossos afetos e concilia os conflitos da mente e do coração.

A paz interior não é ausência de conflitos na nossa alma, mas é saber lidar de forma serena e sóbria com nossas inquietações e insatisfações.

Não iremos resolver todos os nossos problemas antes de morrer, mas morreremos na paz e em paz, se vencermos a cada dia a batalha da harmonia interior. Buscar viver na paz e na serenidade de espírito não é o mesmo que buscar viver sem problemas, dificuldades ou conflitos na vida. É antes uma postura de equilíbrio, fortaleza e maturidade diante das adversidades.

E os nossos problemas?

As pessoas gostam de falar de problemas. A vida de muitos parece girar em torno dos seus problemas. E, dependendo das circunstâncias em que vivemos, parece que só enxergamos problemas e dificuldades à nossa frente. Mas será que a vida humana é um baú de coisas mal resolvidas, sufocos, imbróglios, insucessos, fracassos, derrotas, insônias, más notícias, aflições, disputas, doenças, crises, perturbações, decepções, desesperos, mágoas e frustrações?

Quem de nós não tem problemas e desafios a serem superados a cada dia? Eu já começo dizendo que o grande problema é justamente transformar os desafios, dificuldades, insucessos, batalhas, realidades difíceis e frustrações em problemas. E o próprio nome "problema" já torna tudo mais pesado, complexo, assombroso e de difícil solução.

A mente adulta é muito complexa, sensível e egocêntrica. Quando nos fixamos em algo e nele colocamos nosso coração, basta que esse algo seja abalado e já começamos a perder a paz e a se incomodar com um espírito de inquietação e perturbação. Se dermos asas à imaginação, a fantasia cresce e as inquietações viram problemas e angústias.

Nada é mais angustiante na vida do que viver refém dos próprios problemas. E quanto mais eu me entrego aos problemas, mais eles me angustiam, aprisionam e me mantêm dependente deles.

Uma da palavras que mais escuto nessa vida é "problema", ainda que ela seja traduzida com outras variantes que, no fundo, dizem a mesma coisa. E não dá para negar que boa parte das pessoas que falam dos seus problemas está angustiada por causa deles.

Umas pessoas mais, outras menos, mas é fato que os problemas ocupam os pensamentos e coração da maioria de nós ao longo da nossa vida.

Recordando minha própria história, eu compreendo como era bom ser criança, porque de fato a vida era despreocupada e muito leve. Eu era uma criança pobre, mas feliz e cheia de fantasias. O mundo real não me preocupava. Eu não tinha problemas. Não precisava me preocupar nem me angustiar com nada. Era a minha mãe e os meus irmãos mais velhos que se ocupavam de cuidar de mim. Minha preocupação era brincar, correr e fazer a roda da vida girar. Claro que eu tinha responsabilidades próprias de uma criança; contudo, elas não geravam preocupações nem problemas para mim.

A primeira vez em que a palavra "problema" entrou na minha vida foi justamente quando fui para a escola. Ali, as responsabilidades se tornaram exigentes e eu tinha que resolver os problemas de Matemática e as questões de Português. E era muito interessante, porque eu tinha alguns problemas de comportamento na sala de aula e eu nem me tocava que aquilo sim era um problema – era questão para minha mãe e para os meus professores.

Quando eu era criança, meus problemas não eram meus; eram dos meus pais e de quem cuidava de mim. À medida que fui crescendo, começaram a me passar os meus problemas. Mas não nego que, na cabeça de um adulto, há mais problemas imaginários do que reais. Eu preferia a minha imaginação de criança, que resolvia facilmente os problemas e não tinha tempo para dor de cabeça...

O mundo dos adultos é assim: cheio de problemas e situações complicadas para se resolver. Quando fiquei adolescente e, na escola, aprendi a resolver equações, me apaixonei pela Matemática, porque percebi que, se eu me aplicasse bem a compreender a lógica por trás de cada equação, inequação ou operação, poderia dominar o assunto. Logo, aquilo que antes era um problema para mim – estudar Matemática – passou a ser um prazer. Nunca mais tive dificuldade com essa disciplina, porque me apaixonei por lógica, exatidão, objetividade e pelo modo como tudo funciona.

Na vida real não é assim – muitos dos nossos problemas não têm lógica, ou sequer uma razão de ser, e desconhecemos o pano de fundo de muitas de nossas realidades. Porém, não posso negar que, aplicando lógica e razão às equações da vida, podemos amenizá-las e direcionar melhor a nossa cabeça, embora nem sempre cheguemos a uma solução. Assim como na Matemática há um porquê para tudo, existe também uma razão de ser para todas as nossas questões.

Não queira exaurir sua cabeça para entender o porquê de tudo que o preocupa, angustia ou faz sofrer, pois há explicações que fogem do nosso alcance. Mas confesso que há caminhos de luz e serenidade para todas as situações da vida, desde que você queira que a vida seja temperada com estes sabores.

A escolha mais sensata diante de uma criança com fome é alimentá-la, e não entender primeiro porque está faminta. Pode ser que ela morra antes e você não descubra as causas de sua fome. Não é que não seja importante cuidar das causas da fome, mas devemos aliviá-la primeiro e cuidar da dor imediata.

Quando uma pessoa chega ao hospital para ser socorrida numa emergência, o médico cuida de toda ferida exposta e procura salvar o paciente de todo risco de vida que ele estiver correndo. Em outras palavras, o problema imediato é a vida do paciente e salvá-lo a todo custo. O culpado por ele estar naquela situação se resolve num momento posterior. Quando as angústias se multiplicam, não se resolvem de imediato as causas, mas o que for emergencial. Primeiro se enxugam as lágrimas; depois se procura saber o seu porquê.

No caso de uma criança com fome, não adianta, naquele momento, culpar os governantes ou seja quem for, porque de imediato o alívio daquele problema está ao meu alcance. No caso do acidentado, o mais imediato é salvar sua vida a todo custo. O que chamamos de alívio imediato ou solução emergencial, ainda que não seja a melhor resposta para as angústias da vida, é a atitude necessária para o momento.

Quando qualquer muro da vida desaba, o mais importante é imediatamente socorrer quem ficou debaixo dos escombros. Procure saber depois porque esse muro caiu, para que nem esse e nem outros venham a cair novamente. Quando qualquer pessoa apresenta um problema, o mais importante é acolher sua situação na forma em que ela se encontra. O próximo passo é entender por que se chegou a tal situação.

Não há resposta imediata para nenhum problema da humanidade, assim como para nenhum dos nossos problemas humanos. E todo imediatismo que não passa pela reflexão atrai outros abismos e distorções na solução das equações da vida. Tudo que exige solução emergencial, precisa de resposta imediata sensata, mas nunca impulsiva e inconsequente. O desespero ao tomar decisões traz consequências que são, nas maioria das vezes, irreparáveis e danosas.

O resultado do imediatismo inconsequente é que, depois, passamos um bom tempo, senão quase todo tempo ou resto do tempo da vida, para remediar os remendos dos nossos imediatismos e escolhas insensatas.

Nenhum de nós quer problemas ou os busca. Mas eles existem para além do nosso querer ou das nossas escolhas. O que cabe a cada um de nós é a sabedoria para lidar com os desafios nossos de cada dia.

A escravidão dos problemas

Se, no passado e no presente, a escravidão e o tráfico de pessoas humanas eram e continuam sendo um problema para a humanidade, o que se constata nos dias de hoje é um exército de pessoas escravas dos seus problemas. E, dependendo da complexidade desses problemas, as consequências se equiparam, um pouco menos ou um pouco mais, ao drama da escravidão na história humana.

À medida em que dimensionamos certas circunstâncias da nossa vida – os sofrimentos que temos, os desgastes que passamos, as ilusões que encaramos, as decepções que nos surpreendem, as coisas que não dão certo, as expectativas que não se cumprem – cresce a sensação de medo e impotência.

E, se alguns objetivos ainda não tiverem sido alcançados, os limites nos prendem, os medos nos aprisionam, as situações não se resolvem; então, os conflitos se multiplicam dentro e fora de nós. Quanto mais nos prendemos às coisas que não estão bem ou que não estão dando certo, mais reféns ficamos dessas mesmas situações e das consequências que delas advêm.

O maior problema da vida consiste em colecionar situações mal resolvidas ao longo da estrada e sair procurando culpados, ou viver aprisionado no sentimento de derrota ou fracasso, em vez de buscar luz e força para lidar com elas.

As enfermidades nos preocupam. As situações econômicas nos encurralam. As frustrações nos entristecem. Os medos nos apavoram. As dúvidas nos estremecem. As mágoas nos adoecem. A família exige mais atenção e cuidado. Os sentimentos nos enganam. O imprevisto nos tira ou nos deixa no chão.

Se olharmos para o exército de pessoas tristes e preocupadas que há ao nosso lado, a causa será sempre a mesma, ainda que os motivos sejam os mais variados. Nós ficamos aborrecidos, de mau humor, amargos, azedos, tensos e nervosos porque entregamos o comando da nossa vida para os nossos problemas.

Não seja refém dos seus problemas

Se perguntarmos a qualquer pessoa como ela está, a resposta será dada de acordo com os problemas com os quais ela lida no dia a dia: "Está tudo bem", "Mais ou menos", "Indo", "Caminhando", "Não está bem, mas vai melhorar...", "Não estou bem, mas quero ficar!", e assim se responde à primeira pergunta mais direta que todo mundo nos faz a cada dia.

Alguns preferem sempre dizer que está tudo bem, mesmo não estando; outros preferem esconder ou ainda disfarçar o que se passa no coração, para não parecer uma pessoa problemática, ou mesmo falar que está bem para ver se a situação fica melhor. Às vezes, nossa face não consegue disfarçar bem o que sentimos, e então damos respostas atravessadas ou que não têm nada a ver com o que se passa conosco.

Eu mesmo não tenho disposição nem coragem de sair falando sobre minha vida e meus problemas para quem encontro pela frente. Na verdade, não se trata de falsidade ou, menos ainda, de orgulho. O fato é que nem todos podem compreender e nem devem compreender ou comprar os meus problemas. Mesmo as pessoas ditas amigas, ou que nos querem bem, nem sempre irão entender da melhor forma o que estamos passando ou vivendo. Às vezes, nem quem está no foco do problema sabe dizer bem o que se passa. É sensato e justo colocar uma "roupa diferente" em nossos problemas em determinadas situações. Não se trata de nenhuma falsidade ou falta de transparência, mas sim de sabedoria, prudência e discernimento.

O meu problema não é somente meu. Quem me ama de verdade tem o direito de participar das minhas alegrias e das minhas aflições. Mas nunca é sensato eu despejar o pior do que estou vivendo em cima de qualquer pessoa e a qualquer momento. Eu posso ter todos os problemas e fragilidades do mundo, mas isso não me dá o direito de penalizar outros com o que me preocupa ou me causa sofrimento.

Outra questão é que os problemas só serão digeridos ou mesmos repelidos de dentro de nós quando eu assumir qual é o problema de fato. Às vezes, as coisas assumem uma proporção maior do que elas realmente são. Outras vezes, ignoramos fatores relevantes na vida e nas situações que depois se tornam grandes transtornos para nós e para os outros também. Há situações problemáticas e emblemáticas que aparecem à nossa frente sem nosso consentimento, sem que as tenhamos provocado.

Porém, é mera ilusão ou descompromisso com nossa própria integridade moral não querer assumir o que é de nossa responsabilidade cuidar. Aqui, a questão não é se temos culpa ou não, mas de cuidar do que precisa ser cuidado. Se uma criança passa por algum transtorno na vida, isso causa preocupação e exige cuidados; a responsabilidade de resolver a questão é dos pais e de quem cuida da criança. Não há nada mais insensato do que um pai dizer para uma mãe, ou vice-versa: "O filho é seu, cuide dele".

Também é descaso com a vida querer viver como se os problemas não existissem ou simplesmente ignorá-los e dizer para si e para os outros: "Não tenho problemas". Alguém muito iludido diz assim: "Minha vida é tão boa que não conheço problemas". Talvez esse seja o maior dos problemas que uma pessoa possa ter, isto é, viver iludido ou ainda alheio à vida e às circunstâncias que a cercam. Acredite: viver já é um problema; a existência humana por si só já é um drama. Não se trata de uma visão pessimista, negativista ou derrotista da vida – eu sou um apaixonado pela vida e penso que viver é uma dádiva e um privilégio inigualável.

Não se iluda e nem passe uma falsa impressão sobre você mesmo. Não banque o herói, se autoproclamando "pessoa resolvida". Devemos ser sempre pessoas decididas e positivas, mas, mesmo assim, passamos por situações de indecisões e circunstâncias negativas. Quem nunca passou pela via das dúvidas, incertezas ou impressões? E quem pode dizer que nunca mais irá passar por situações embaraçosas e tensas no caminho? Porém, nenhuma dessas circunstâncias nos impede de sermos determinados perante a vida.

Se não é justo nem inteligente viver ignorando os problemas; também não é sábio nem louvável entregar-se aos problemas e viver em função deles. Preocupações não resolvem os nossos dramas e desespero não traz luz nem sabedoria para nenhuma escuridão ao longo do caminho. O dom da liberdade é precioso e sublime. Somente pessoas verdadeiramente livres são plenas e capazes de edificar a própria vida. Não se trata de não ter problemas, mas de não viver refém deles, de colocar cada coisa no seu lugar e com o tratamento que merece. Deve haver liberdade para o coração e para a mente, para que se possa viver, trabalhar, pensar e sentir – sem se esconder no cativeiro das angústias, do pavor, do medo e das agitações interiores.

Se eu preciso de paz interior para lidar com os desafios que me cercam, eu necessito mais ainda de liberdade da alma para respirar, pensar e viver. Não durma com seus problemas. Não os faça de travesseiros, para que não roubem seu sono, sua paz e a serenidade do seu espírito. Não deixe que suas preocupações o prendam na cama ou o isolem nos cantos da vida, levando-o à angústia ou à depressão.

As angústias do coração

Todo excesso de preocupação gera angústia no coração e na alma humana. Não é que não devemos nos preocupar com nada e viver a vida constantemente relaxados, ignorando os acontecimentos. Você talvez vá me dizer: "Como vou viver sem me lembrar que tenho contas para pagar e tantas situações para resolver? Como não vou me preocupar, se coloquei confiança numa pessoa e ela me traiu? Como não me preocupar, se já tento resolver esta ou aquela situação há tanto tempo e não chego a solução alguma?".

Como eu vou me dirigir a uma mãe e dizer para ela não se preocupar com seu filho porque "Deus cuida dele", ou porque "logo ele vai ter juízo", se cada vez que o tempo passa ele dá mais trabalho e causa mais preocupações com comportamentos inadequados?

Como eu digo a uma pessoa cada vez mais atolada em dívidas e sem nenhuma solução financeira aparente, para ter calma que tudo se resolve?

De que maneira eu posso ser indiferente ou menos preocupado com a minha saúde ou com a saúde de quem eu amo, se aos meus olhos o quadro clínico se degenera e nada parece evoluir?

A questão de fundo para esses questionamentos e para todos outros que causam aflições interiores e tristeza na alma não é se estamos fazendo pouco caso, sendo indiferentes ou dando respostas insuficientes para questões tão pertinentes, porque de fato não há repostas prontas, imediatas, mágicas ou milagrosas para todos os problemas. Porém, há posturas milagrosas e diferentes para situações tão complexas e penosas.

O que mais penaliza o coração e a alma e amarga o sabor de viver não é o tamanho ou a dimensão dos problemas vividos, mas a intensidade da angústia e a postura de desespero e pânico diante dos problemas.

Não há problema em se afligir com nenhuma situação da vida, mas se deixamos que a aflição e a angústia aprisionem o coração e a mente, aí reside o drama e o problema de fato. Um coração angustiado e uma cabeça continuamente aflita, sem o alívio da esperança e da paz, congela qualquer possibilidade de se libertar de qualquer drama. No fundo, é o *excesso de preocupações* que nos deixa angustiados e, muitas vezes, abatidos.

Quando alguém vive ocupado com os seus problemas e as situações não resolvidas da vida, um processo interior de inquietação, tensão e angústia toma conta do coração e da mente. À medida em que esse processo não é canalizado, direcionado ou cuidado da melhor forma, ele consome nossas forças físicas e mentais.

Aqui está o mal maior que a escravidão dos problemas gera em nossa vida. De fato, ela tira nossa liberdade interior, rouba nossa paz, nos torna impotentes diante das batalhas e enfraquece nossa vontade. Perdemos a qualidade do sono, comemos em demasia ou não comemos o que deveríamos. Vivemos tensos, preocupados e nervosos. Nossos relacionamentos e convivência humana perdem qualidade e intensidade.

Quanto mais eu liberto meu coração do cativeiro das angústias e dos excessos de preocupações, mais força, determinação e serenidade eu terei para lidar com minhas dificuldades e situações não resolvidas.

Para resumir nossa conversa, apresento algumas dicas que irão ajudar nossa reflexão e direcionar nossos passos para sermos cada vez mais livres diante dos nossos problemas e preocupações:

1. *Não fale dos seus problemas o tempo todo e nem para todos que estão ao seu lado.* Ninguém aguenta pessoas que só falam de problemas, e as pessoas não irão ajudá-lo da melhor forma se você se torna um sujeito chato e inconveniente, cujo assunto sempre gira em torno de você e das suas dificuldades.

2. *Não finja que seus problemas não existem* – mas não conceda a eles mais atenção do que merecem. Assuma de forma consciente e responsável o que cabe a você resolver. Ignorar os problemas não é uma postura inteligente. Viver em função deles enfraquece a busca pela melhor solução. Não se faça de coitado, nem dramatize seus problemas.

3. *Busque ajuda de quem realmente pode ajudá-lo.* Não quero dizer que se deva esperar que outros resolvam nossos problemas, mas ouvir a outros que passaram pelas mesmas

dificuldades pode trazer luzes para muitas coisas obscuras dentro de nós.

4. *Procure tomar consciência se os problemas são decorrentes de alguns erros, limites ou falhas que você mesmo tenha cometido.* Humildade é um santo remédio. Nada de viver se acusando, mas tenha a capacidade de se rever a cada momento da vida, para poder acertar o passo. Muitos problemas se acumulam porque não somos capazes de fazer uma autocrítica e queremos sempre encontrar nos outros a culpa pelos nossos erros.

5. *Nunca crie pânico, pavor ou ar de desespero.* A serenidade é irmã gêmea da sensatez. Só conseguiremos ser sensatos quando permitirmos que a serenidade ilumine nossas decisões.

6. *Nada de se exasperar e culpar a Deus pelos seus problemas e dificuldades.* É muita ingenuidade e imaturidade espiritual esperar que Deus resolva nossos problemas e, mais ainda, acusá-Lo de nos ter permitido passar por tais situações. Deus é Pai, luz, guia, direção, paz, bênção, graça, ternura, aconchego, colo, porta, vida e todos os predicados que a fé nos levar a viver. A responsabilidade pela condução da nossa vida é nossa. O auxílio Dele nunca irá faltar, se eu confio Nele e busco Sua graça. Mas cabe a mim assumir a responsabilidade por meus atos, escolhas e decisões.

7. *Não ajuda em nada sair culpando as pessoas e atirando para todos os lados pelo que deu errado em nossa vida.* O outro

pode até ter "pisado na bola", falhado, nos iludido ou nos enganado. Mas será muito mais proveitoso eu rever minha relação com essas pessoas ou o grau de confiança que depositei nelas para me reorientar, do que insistir na mágoa, no ressentimento ou nas acusações.

8. *Seja amigo do tempo e amante da paciência.* Nunca queira resolver tudo de forma imediata e desesperada, nem fique deixando para amanhã o que precisa ser mais imediato. Nunca tome decisões em desespero ou na aflição. Problemas pequenos se tornam grandes, quando o desespero ou a imprudência tomam o lugar da sabedoria.

9. *Mude o foco, sem perder o foco.* Busque encarar a mesma situação de outra forma, sem querer mascará-la. Qualquer problema pode ser visto de diversos ângulos sem, contudo, perder o foco sobre ele. É preciso um trabalho de mente e coração, para apaziguar os nervos e purificar a mente dos pensamentos tortuosos.

10. *Faça dos seus problemas e dificuldades uma escola de vida.* Nunca deixe de aprender com as situações. Reflita com serenidade e seriedade o que o levou a viver ou passar por essa situação e diga para você mesmo: "Estou aprendendo o que devo fazer".

11. *Dê uma resposta diferente para as situações problemáticas.* Fale com entusiasmo, otimismo e esperança das dificuldades da sua vida. Só não faça ressoar falsidade, hipocrisia, pouco caso ou indiferença. Na verdade, conceda

uma resposta à altura da sua maturidade e capacidade de superação.

12. *Não enxergue problema onde não há.* A visão interior ofuscada nos leva a enxergar problemas onde não existem ou, ainda, ver as coisas maiores do que elas realmente são.

2

Cultive uma vida simples – Seja leve, não complique as coisas!

NÃO HÁ UMA FÓRMULA mágica para descomplicar a nossa vida, mas há um caminho óbvio a ser seguido. Não complique as coisas na sua cabeça e no seu coração. Não procure soluções fáceis para nada, mas também não se entregue aos dramas do terror, do desespero e do pavor. Encare a vida como ela de fato se apresenta. Não acrescente coisas que não existem. Não multiplique os problemas, nem deixe as fantasias negativas povoarem sua mente.

Quanto mais simples e descomplicada for a nossa mente, mais capacidade, serenidade e tranquilidade teremos para lidar com as adversidades.

Não crie embaraços na sua mente. Uma mente embaraçada complica e dificulta todas as coisas. Pensar simples é pensar de forma tranquila, objetiva e sem devaneios. Desenvolva o caminho da leveza e da suavidade, mesmo lidando com as grandes asperezas da vida. Não traga para dentro da sua cabeça e do seu coração os embaraços, os estorvos e os entraves do mundo exterior. Simplificando a compreensão, não traga as desarmonias da sociedade para dentro de você.

Mundo complexo

Olhando o mundo à nossa volta, tudo parece tão complicado! Dependendo de quem "tempera" a vida, o cheiro de desespero e pânico se faz presente por todos os lados. Os homens de todas as épocas usaram os mesmos chavões que usamos nos dias de hoje: "Nunca vimos um mundo tão complicado e desastroso como o dos nossos dias". Sempre houve os profetas da desgraça, os mensageiros do terror e os cavaleiros do Apocalipse. Sempre houve pessoas, grupos e instituições que apregoaram medo, desespero e a suposta certeza de que o mundo não tem mais jeito.

A ótica do século em que vivemos é consequência do progresso que trouxe um ar de prosperidade e modernidade para uma parcela da população, mas também das "involuções" que permeiam a sociedade. Se o acesso à informação e ao conhecimento se tornou tão mais fácil e universal, ainda permanece de uma forma globalizada o dolo por equações não resolvidas como a fome, a violência e o agravamento da diferença entre pobres e ricos. Se isso parece complexo demais, a complexidade se torna ainda mais óbvia devido à aceleração do processo de "miopia coletiva" que seduz e convence massas no mundo inteiro de que todos os seus problemas serão resolvidos com um clique, com uma fórmula mágica, com produtos mirabolantes e fascinantes que prometem transformar a vida em questão de dias. As drogas continuam sendo alucinantes, sedutoras e viciantes. O prazer é visto como um direito alienável da sobrevivência humana, de modo que não buscá-lo a todo custo e de todo jeito torna-se a pior da exclusões e a mais terrível das privações.

No mundo complexo e fascinante em que vivemos, sobrevive mais e melhor quem não se ilude, não se engana e não se deixa levar por qualquer conversa ou promessa fácil.

A escravidão do dinheiro

Tão obsessiva como a busca do prazer a todo custo é a sede do ter e o do poder que o dinheiro concede. Aliás, se o problema do mundo se chama *escravidão e dominação,* não existe fascínio e domínio maior do que aquele que o dinheiro exerce em nossas vidas e relações. Com as devidas proporções e exceções, ao perguntar para alguém se ele está bem ou não, a resposta será positiva ou negativa conforme o seu saldo financeiro.

Seria insensato afirmar que não precisamos de dinheiro para nossa vida ou, ainda, culpá-lo por todos os problemas da humanidade ou da nossa vida pessoal. Mas não podemos deixar de constatar o tamanho do poder e do fascínio que ele exerce sobre a pessoas, e a forma como ele simplifica ou complica a nossa vida.

A sociedade em que vivemos é mercantilista; o meio de sobrevivência e subsistência é o dinheiro. Ele é o soldo que recebemos pelo nosso trabalho, é o meio de garantirmos os alimentos, o vestuário e todos os bens necessários para uma vida digna e justa. Não consigo imaginar o ser humano mais despojado do mundo rasgando dinheiro ou, ainda, fazendo pouco caso dele.

Porém, é loucura desprezar o dinheiro como nosso meio de sobrevivência e como a paga pelos nossos trabalhos e serviços prestados.

Creio que seja uma loucura maior o meio como nos deixamos escravizar e dominar pelo dinheiro. E quando digo nós, eu me refiro a mim e a cada pessoa que necessita e busca uma vida digna a cada dia, não só para si, mas para aqueles que dependem de nós para sobreviver.

O dinheiro é sedutor, dominador, inquisidor, impostor e sempre um mau patrão. Mas a questão não é propriamente o dinheiro ou moeda (real, dólar, euro ou qualquer outra), mas o uso que se faz dele para estabelecer as relações humanas. Quem o tem domina e faz o que quer com ele, e quem não o tem se deixa dominar, porque precisa dele.

Não há problema em ter a moeda, mas ostentar-se e dominar outros por causa dela é a forma de escravidão mais humilhante de todas. Antes, compravam-se os escravos do seu senhor e se mantinham esses escravos nessa condição por toda a vida, mas eles sabiam que eram escravos. Hoje, mantém-se as pessoas escravas por domínio, sedução ou necessidade; quem escraviza é um benfeitor, e quem é escravizado é um beneficiário.

Livre é quem não se deixar escravizar pelo dinheiro, pelos seus encantos, seduções e poder de dominação. Livre é quem sabe usar bem o pouco ou o muito dinheiro que tem, não fazendo dele sua razão de viver e não se impondo aos outros pelo seu dinheiro. Livre é quem não se vende, não compra ninguém e não faz do ser humano uma mercadoria de troca ou de venda. Sejamos livres do dinheiro. Livres para usá-lo e livres para viver sem ele. Assim, seremos verdadeiramente livres e felizes.

A questão não é não ter a moeda, mas a perda da dignidade humana por causa dela. Nada é tão humilhante quanto ver o ser humano sofrer as maiores penúrias por não ter um meio lícito para sobreviver. Pobreza não é nenhum mal em si. Basta ver que os melhores índices de felicidade pessoal se encontram em quem vive uma vida pobre, mas digna. Mas a miséria humana é deplorável e inaceitável. Ninguém em sã consciência pode achar normal que pessoas passem fome, que outros tantos morram de frio, de sede ou por pela falta de condições mínimas de vida.

O fato é que a ostentação de alguns humilha a miséria de tantos. Não precisamos nivelar nossa vida por baixo e achar que todos precisamos viver nos esgotos de nossas cidades, ou morarmos debaixo das pontes para sermos solidários com aqueles que nada tem. Mas nunca deixa de ser louvável e admirável a postura daqueles que chegam a tal ponto de desprendimento de vida, que se fazem pobres com os pobres.

Não queremos exaltar nenhuma forma de miséria humana como um bem. Queremos reconhecer, denunciar e nos libertar de toda forma de submissão e escravidão que o dinheiro gera em nossa vida.

Melhore sua qualidade de vida

É muito justo e louvável ver as pessoas melhorarem de vida. É mais do que digno qualquer pessoa melhorar sua qualidade de vida. E aqui não me refiro somente à qualidade da vida social, mas remeto a crescer na maturidade humana, nos valores, no cuidado com sua saúde, na valorização de aspectos aos quais antes não dávamos tanto valor.

Como é bom ver alguém que se dedicou para conseguir algo chegar aonde almejava – seja um estudante concluir sua faculdade, um concurseiro passar no seu almejado concurso, um trabalhador subir de nível no seu trabalho, um inquilino conseguir sua casa própria, um esportista conseguir atingir seus objetivos e tantos outros sucessos e destaques na vida, que elevam e trazem uma vida pelo menos aparentemente melhor para quem almejou tal conquista.

Se não é justo nem saudável invejar ninguém porque melhorou de vida, é mais deplorável ainda esnobar, desprezar ou desvalorizar quem não conseguiu o que você conquistou, ou não tem o que você tem. Um mau sinal é alguém se sentir melhor do que outro pelo que tem, e pior ainda é fazer pouco caso de quem não tem.

Não há qualidade de vida melhor do que a pessoa crescer em valores e virtudes. O que faz nossa vida ser melhor não são as coisas que temos ou deixamos de ter, mas a forma como lidamos com o fato de possuí-las ou com sua ausência.

Dê o melhor de você, para crescer em tudo aquilo que faz. Nada de falsa modéstia, apatia ou desqualificar sua vida e suas capacidades. Todos temos talentos, e eles servem para melhorar nossa vida e nossas relações com as coisas e com os outros. Não enterre, não esconda nem menospreze suas capacidades. Faça de tudo para ser melhor naquilo que você faz. Mas não seja mercantilista ou capitalista com seus talentos; nunca baseie suas escolhas em ganhar mais ou ganhar menos. O dinheiro que você deixou de ganhar hoje pode ser a qualidade de vida que você ganhou para si e para quem está ao seu lado.

O mais importante é que, chegando onde você chegou ou conquistando o que você tenha conquistado – ou mesmo que sua vida tenha permanecido no mesmo patamar – o que vai qualificar sua vida jamais será o que você possui ou deixa de possuir, mas os valores e o caráter adquiridos nessa estrada.

Nada é mais encantador do que viver e conviver com pessoas simples, modestas e desapegadas de si e das coisas. Simplicidade não é o mesmo que ser desleixado, desvairado ou desorganizado. Ser simples é ter a capacidade de organizar dentro de si e ao seu redor tudo que aparenta ser difícil, complexo e sem jeito. Com simplicidade tudo se resolve, tudo se ajeita

Virtudes de uma vida simples e simplificada

- Vida simples se traduz em não esbanjar, não se tornar refém nem da moda e nem das vaidades, não criar necessidades, nunca gastar o que não tem, nem viver com a corda no pescoço.

- Vida simples é viver com limites e organização. Não fazer tudo o que se quer, ou aquilo de que se gosta, mas o que se pode, que é viável e necessário para a vida ser melhor.

- Quem cultiva uma vida simples não cria filhos mal acostumados, tendo tudo aos seus pés e fazendo todos os seus gostos. Nunca deve faltar amor, atenção e ternura. Mas é preciso impor limites e correções. Criam-se filhos para lidar com a vida real e não para serem mal acostumados e despreparados para os contrastes da sociedade.

- Vida simples não é deixar de viver e não saborear a vida. Deve-se viver uma coisa de cada vez. Saber sorrir, brincar e fazer festa quando é a hora da alegria. Ser fraterno, solidário e presente na dor e no sofrimento do outro.

- Vida simples é não perder as raízes – sua origem e sua história de vida. É valorizar o lugar de onde veio e cultivar amor pelo berço, pelo melhor do passado, pela luta dos antepassados.

- Vida simples é ter muita gratidão e reconhecimento no coração. Saber ser grato pelos pais, professores, amigos e todos aqueles que de alguma forma contribuíram para sua vida ser melhor.

- Vida simples é tratar todos como iguais. Não diferenciar a cor da pele, a roupa que a pessoa usa, o dinheiro que ela tem ou não tem. É a capacidade de tratar cada pessoa humana como pessoa, e não como meio que possa me oferecer vantagens ou satisfazer interesses.

- Vida simples é saber pisar no campo e na cidade. É saber frequentar o *shopping* e a feira. Vida simples é saber comer arroz com feijão e filé e saber comer somente o arroz. É saber andar no asfalto ou na estrada de terra batida.

- Vida simples é não se iludir e ter os pés no chão. Viver a vida como ela é, não enganando a si mesmo, não vivendo de aparências nem de máscaras. É nunca se impor pelo que tem, nem dramatizar pelo que não tem.
- Vida simples é viver a vida com gosto, sabor e intensidade, valorizando o melhor de cada dia.

Simplifique o que parece complicado

O ferro machuca e o fogo queima. Quem nunca se feriu com palavras, frases, discursos, respostas e situações mal resolvidas? Quem já não foi mal interpretado por aquilo que disse, e mal compreendido naquilo que desejava expressar? Quantas vezes ficamos queimados ou rotulados com o que falamos ou fazemos, ou mesmo queimamos ou rotulamos outros por aquilo que pensam, falam ou agem?

Todos nós estamos sujeitos a ser mal compreendidos e interpretados na melhor das nossas intenções, e corremos o mesmo risco de sermos injustos e julgarmos de forma errada e precipitada a comunicação do outro. Uma coisa é dita de um jeito e compreendida de outro. Quando se acumulam situações passadas, os ânimos fervem e os pré-julgamentos se aprimoram. Se estamos feridos, machucados ou mal humorados, o risco de levarmos tudo para o lado negativo se torna maior ainda.

Para que a nossa vida seja mais leve e os nossos relacionamentos sejam mais estáveis e descomplicados, *não leve tudo a ferro e fogo!* Isso não significa que você não irá levar o outro a sério; é que todos nós precisamos de um certo "desconto" naquilo que dizemos ao outro. Precisa-se levar em conta o estado de ânimo, o humor com que a pessoa se encontra, as superações que não avançaram, as mágoas que não foram vencidas e outros aspectos para se pensar em levar totalmente a sério o que outro está dizendo a mim.

Se você leva muito a sério tudo que escuta das pessoas à sua volta, logo ficará triste, deprimido ou revoltado. As pessoas tendem a falar muitas coisas no calor dos acontecimentos, e colocar para fora muita das suas revoltas e mágoas, sem se ater às consequências do que estão falando.

O que torna a vida humana mais tensa e complicada é a facilidade que muitas pessoas têm de complicar o que pode ser simples e de dificultar o que pode ser facilitado. Outros ainda desenvolvem a capacidade de tudo dramatizar, fantasiando as realidades da vida.

O que complica de fato nossa vida são nossos *processos mentais e sentimentais*. A confusão dos pensamentos e sentimentos faz surgir verdadeiros terremotos e campos de batalha em nosso interior. Estamos terrivelmente marcados por uma sensibilidade tão aguçada que, dependendo do humor com que nos encontramos, transformamos até elogios em críticas, e boas intenções em maldades humanas.

Quando a mente humana se entrega a devaneios e fantasias mentais, ela é capaz de transformar as coisas mais banais e, às vezes, sem nenhum importância, em explosivos e bombas atômicas. Se a sensibilidade está mais ferida e machucada, maior será a capacidade de elaborar elementos fantasiosos e dramáticos para as situações da vida.

Nem sempre as pessoas têm maturidade para expressar seus sentimentos e angústias, e quando encontram alguém que não é maduro para acolher seu desabafo ou sua revolta, as coisas tendem a piorar!

Não é um processo fácil e simples controlar as fantasias que afloram em nosso interior. A mente humana vive processos de devaneios a todo instante. E quem não admite isso está mentindo. Quanto mais adultos, responsáveis e exigentes formos com a vida, mais expostos estaremos a tudo isso. Ouço constantemente mães, pais, jovens universitários, idosos e trabalhadores dizerem: "Calma aí, que estou com muita coisa na cabeça para pensar". No processo de racionalizar tudo o que o bom senso nos chama a fazer, podem aparecer as sombras da mente com tons mais brandos ou mais intensos de manifestações.

As sombras da mente

No mundo de encanto e fantasias da nossa eterna infância, escondem-se os mais belos personagens vindos dos contos de fada, da histórias criadas e vendidas, dos mitos e das alegorias da vida. Muitas destas histórias e enredos entram na nossa cabeça desde nossa infância para nos ajudar a alimentar o bem, a ter bom desejos e a praticar coisas boas. Mas esse mesmo mundo encantado é cercado de monstros, fantasmas, assombrações e coisas tenebrosas.

A verdade é que nosso mundo adulto exige uma verdadeira desconstrução desse mundo fantasioso que criamos – ou criaram para nós – para cair na vida real e concreta. Os heróis da vida real são pessoas honestas, trabalhadoras, sofridas, dedicadas. São mães heroínas, pais dedicados e pessoas fantásticas que estão sempre se superando. Não existe mágica para resolver as coisas, nem soluções milagrosas para os nossos dramas. O que existe é milagre que vem da fé, da capacidade de superação e da oblação que fazemos para o bem do outro.

Contudo, mais difícil do que desconstruir o mundo infantil dos heróis mal elaborado dentro do nosso interior é superar os fantasmas e as sombras que assimilamos ao longo da estrada. Eles desenvolvem o elemento mais assombroso da nossa vida, o *medo*.

Nossos medos são, na maioria das vezes, processos interiores da mente e do coração que ficaram mal resolvidos em alguma etapa da nossa existência e, à medida em que os alimentamos, de forma consciente ou não, eles nos assustam, nos apavoram ou nos mantêm reféns de suas manifestações.

Quando alimentamos os medos, eles tendem a crescer, tomar corpo e comandar a nossa vida. O que era simples vira um drama, o que era preocupação torna-se obsessão, o que era receio vira pavor e o que era para ser cautela transforma-se em perigo.

Não podemos negar os dramas da vida e as situações tensas e complicadas que passamos em etapas distintas do nosso viver.

Mas isso não resume a vida nem pode direcionar a existência de ninguém.

Não imagino que seja simples para alguém ter sofrido um acidente, presenciado ou vivido um assalto, ser vítima de tragédias, ter corrido riscos. Sei das imensas sequelas que deixam os sustos, as fatalidades, os horrores e os temores de tantas situações tensas da vida. A história, os relacionamentos e as convivências humanas estão sempre nos machucando e, muitas vezes, o fazem com força. O contrário também se afirma: nós também estamos machucando e ferindo a história e a vida de outros, de forma intencional ou não. As marcas do coração deixam muitas sequelas e têm um processo de cura muito mais lento e retardatário do que qualquer ferida da alma. Porém, qualquer ferida exige cuidado, ternura e remédio para cicatrizar.

Os cuidados para com as feridas do nosso interior são os mais exigentes, mas os mais necessários para descomplicar a vida.

Eu jamais posso dizer para alguém não levar nada a sério. Ao contrário, devemos levar a vida tão a sério, pois a delicadeza das estruturas humanas exige mais leveza e destreza para que a vida seja mais séria e serena. Contudo, não confunda "ser sério" com aspereza, mal humor, indelicadeza, nervosismo, pessimismo, rigorismo, chatice e semblante sisudo.

A seriedade que a vida requer diante dos desafios e exigências não pode se misturar aos rancores, mágoas e mal-entendidos, nem ter a tônica das coisas mal resolvidas e mal elaboradas dentro de mim. Cuidado com a tendência de tornar o doloroso mais difícil e complicado. Não podemos transformar nossas feridas em dramas,

mas podemos reduzir nossas dramas em feridas que aos poucos irão cicatrizando e trazendo mais leveza, ternura e cuidado com os dramas e feridas do outro.

Eu não sou a única pessoa ferida e machucada no mundo. Eu posso transformar um pequeno acidente em tragédia, ou posso transformar um acontecimento doloroso em uma pequena ferida que exige cuidados e reparos, mas que isso não paralise a minha vida, ao contrário: que me impulsione a ser melhor!

Nada é tão simples assim, mas nada deve ser tão complicado a ponto de que eu não me permita enxergar que dentro de mim há mais luzes do que sombras. Eu posso escolher viver dos meus dramas e com os meus dramas, mas posso transformá-los em escadas para subir degraus maiores de superação. Quando eu quero e determino o que eu quero, o caminho se torna mais fácil.

3

Supere as decepções
– Perdoe as ofensas e supere as mágoas

UMA PALAVRA CHAVE PARA destravar o nosso coração e a nossa mente se chama *superação*. Uma ação de gente grande, de coração grande, de "pessoa super" ou, ainda, de uma "super pessoa". Quando não superamos determinados obstáculos, vivemos travados, obstruídos e atrofiados. Eu acredito que não haja obstáculo maior para a mente e o coração do que a necessidade de superar as mágoas e as ofensas acumuladas ao longo do caminho. Na verdade, elas nem deveriam se acumular, porque senão nos acostumamos a isso e elas se tornam verdadeiros entulhos nos porões do coração.

Os porões do coração

O porão é aquela parte de uma casa, edifício ou navio onde se guardam as coisas velhas ou sujas. Nem sempre elas são inúteis, mas ficam ali para serem usadas em algum momento ou necessidade. De todo modo, precisam ficar escondidas, porque elas não condizem com a estética do lugar ou mesmo são incômodas e desnecessárias no primeiro momento. Em determinados contextos, também o que se quebra, está em mau estado ou de alguma forma também não serve para mais nada – jogamos tudo isso no porão, porque não temos coragem de nos desfazer e acreditamos que algum dia terá utilidade.

No decorrer do tempo, o que se percebe é que mal temos tempo para cuidar das partes essenciais da casa, o que se dirá do que fica no porão... O pior é que lá as coisas vão ficando mais velhas, frágeis, sujas e sujeitas a atrair outros danos ao local – o perigo de se ter baratas, aranhas e outros animais perigosos se torna muito real.

O que acontece em muitas casas e prédios, acontece de forma mais intensa e prejudicial dentro do coração de cada um nós. Temos verdadeiros porões no nosso interior. São coisas velhas e mal usadas, ou quebradas, relacionamentos rompidos, situações mal resolvidas, traumas guardados, mágoas acumuladas, crises não superadas, rancores vividos, dias de lágrimas, saudades não curadas, decepções somatizadas, noites mal dormidas, frustrações recentes e longínquas... é grande a lista de coisas de muita importância, assim como de situações que parecem não ter importância nenhuma.

Acontecimentos e situações que pareciam coisas tão pequenas para alguém, foram assimilados de forma tão danosa para outros que o coração os guardou num lugar bem guardado, onde se transformaram em dramas. E eles se escondem tão bem, que é difícil nomeá-los; de vez em quando eles aparecem, assustam, incomodam e se escondem e de novo.

Tudo que vivenciamos é assimilado, guardado e processado. Alguns elementos vêm à tona facilmente; outros ficam tão bem guardados que deles aparecem apenas rastros, que nem permitem identificar do que se trata.

A verdade é que, em se tratando da grandeza e da delicadeza do coração humano, há dentro dele verdadeiras cavidades que se abrem ao longo da vida, onde se joga o lixo, os entulhos e as coisas mal resolvidas que vamos acumulando ao longo da estrada. E acredite: não são poucas coisas. E muitas delas são inconscientes e, muitas vezes, traumáticas.

Desde o momento em que fomos concebidos no ventre de nossa mãe, a escala da vida deu seu ponto de partida. A concepção de uma nova vida humana se torna fonte de alegria, de surpresa positiva ou negativa para os pais, dependendo das circunstâncias. Daí para frente, iremos levar toda uma carga genética acumulada e seremos portadores das emoções vividas por nossos pais.

Não resta dúvida de que o melhor remédio para curar todos os males da vida é o amor doado, vivido, celebrado e recebido. Amor na dose certa em gestos e atitudes é a via de superação para todo e qualquer trauma, em todas as circunstâncias. Precisamos, desde o ventre de nossa mãe, de amor puro, sincero e autêntico, para superarmos os traumas intrauterinos, as dificuldades vividas, os medos, os receios e as inquietações que a nossa vinda ao mundo pode ter representado em algum momento.

Tudo é muito delicado e cuidadoso quando nos referimos à vida de uma criança. Os cuidados vão da roupa que ela usa e da comida que deve comer aos detalhes necessários para que ela desenvolva uma boa saúde. Todos esses cuidados são importantes, porém se deve prestar muito mais atenção à sua saúde mental, psicológica e psíquica. Os pais nunca deveriam brigar, discutir, se desentender, gritar, exasperar-se ou se desesperar na frente de uma criança.

Os porões do nosso coração se abrem no ventre de nossa mãe e irão se dilatar durante toda a vida, até se encerrarem com a nossa morte. Eu não posso fechá-los e ignorá-los, mas posso cuidar, purificar e renovar os sentimentos da minha alma.

Contudo, o melhor que podemos fazer pela nossa saúde integral é dedicar empenho, vontade e força para purificar o nosso interior durante o caminho da vida, para que a estrada se torne mais longa e a nossa visão não se torne ofuscada e limitada pelos enormes acúmulos que carregamos.

Não precisamos ir muito longe para perceber a influência dos porões abertos na nossa vida. O cheiro e a influência maligna se manifestam em gestos, atitudes e posturas de vida. O humor se altera com facilidade. Nos irritamos em situações adversas rapidamente. Magoamos quem amamos. Nos tornamos agressivos sem necessidade. Damos más respostas, respostas frias e agressivas sem mesmo perceber o tom das nossas atitudes.

Nossos atos se revestem muitas vezes de maldade, sarcasmo e intolerância, e quando não refletem muita ira ou mágoa, nos lembramos de pessoas ou situações que nos machucaram de alguma forma ao longo da vida. Atitudes injustas e muitas vezes desonestas brotam de um comportamento viciado pelo ressentimento ou pela mágoa. O fato de eu falar mal de alguém que me prejudicou e querer influenciar outros para que rejeitem aquela pessoa é algo injusto e desmedido. O mal que tal pessoa me fez ou a mágoa que ela me causou se refere a mim, a minha vida ou a quem diretamente estava envolvido em tais fatos ou situações. Quem foi ruim ou maldoso comigo, não necessariamente será ruim ou maldoso com você.

Não há nada de errado em admitir que estou ferido, decepcionado, machucado e magoado com qualquer pessoa. O erro consiste em não dar o nome correto ao que sinto. Eu não posso querer que todo mundo pense como eu, e também sinta a mesma repugnância que eu tenho por determinada pessoa.

Honestidade dos sentimentos

Um excelente caminho de purificação do coração consiste na *honestidade dos sentimentos*. Seja sincero e honesto consigo mesmo em reconhecer o que você de fato sente por essa pessoa ou por aquela situação. Não caia em devaneios. Não aumente a história, nem alimente ingredientes de maldade ao se referir a tais situações. A atitude de ser honesto consigo mesmo exige muita humildade, verdade e reflexão interior.

Chame mágoa de mágoa, raiva de raiva e ódio de ódio. Nomeie o que você sente ao se lembrar ou se deparar novamente com tais situações ou pessoas. Não queira falsear sua própria consciência para parecer que está tudo bem, quando as nossas palavras mal ditas ou atitudes insanas revelam o aspecto perturbador que tais pessoas ou situações provocam em nós.

E por que precisamos ser honestos com nossos sentimentos? Porque só podemos curar uma doença ou enfermidade quando sabemos dar nome a ela, reconhecer os seus sintomas e aplicar o melhor remédio para sanar aquele mal. Uma gripe forte pode ser até causa ou sintoma de uma enxaqueca, mas é preciso reconhecer que gripe é gripe e enxaqueca é enxaqueca.

Eu reconheço que faz um bem enorme para mim reconhecer e admitir as mágoas que tenho, as decepções que acumulo e as situações mal resolvidas e embaraçosas que carrego dentro de mim. Isso me torna mais humilde, sincero e correto com meus sentimentos. O trabalho de lapidação e purificação do coração não é fácil nem automático, mas se tornará bem mais complexo se eu não souber o que sinto.

No meu trabalho, em uma determinada situação me encontrei falando mal de uma pessoa por aquilo que ela fazia. Alguém ao lado me perguntou se era algo pessoal ou de fato uma análise sincera, imparcial e honesta que eu fazia da pessoa. Confesso que fiquei sem resposta, mas dentro de mim se acendeu uma luz: eu falei mal daquela pessoa porque eu estava magoado com ela.

Eu algumas situações, eu percebo que as pessoas procuram incitar minhas reações para falar mal desta ou daquela situação, ou mesmo de alguma pessoa que em alguma época da minha vida representou um desafeto para o meu coração. Eu recorro ao silêncio das palavras, quando sei que minha fala pode não ser nem honesta nem sincera em relação ao que sou provocado.

A maturidade dos afetos passa pela disposição de ser honesto e humilde com o que sinto, vejo e guardo dentro de mim. O que acontece no processo de amadurecimento pessoal é que uma situação ou pessoa que antes eu encarava de uma forma, agora eu consigo ver de outra forma.

Quando eu consigo ser honesto comigo mesmo, eu posso ampliar os horizontes de libertação do meu coração e ter mais autocontrole, bom senso e retidão nas minhas atitudes.

Humildade, poderoso remédio

Como consigo ser honesto com meus sentimentos, se a única premissa que consigo admitir é que o outro está sempre errado e o único certo sou sempre eu?

O questionamento acima é um medidor de proposições e nos leva a um outra questão.

Sendo muito honesto e sincero com minha consciência, eu me abro a admitir também meus erros, falhas e limites, da mesma forma que cobro e exijo isso dos outros?

Quando me deparo com alguém contando tudo que ele viveu, sofreu, padeceu com as atitudes e situações que o machucaram e feriram, eu escuto com toda atenção e silêncio interior, e faço questão de baixar e cabeça e silenciar todo meu interior para captar com o máximo de atenção tudo que estou ouvindo. E peço que cada um traga para fora tudo o que tem a dizer. Contudo, não posso deixar de questionar, de interrogar como foi a atitude da pessoa diante de todo aquele drama vivido. Se a pessoa foi totalmente passiva, ingenuamente envolvida e totalmente sem culpa em tudo, pode se observar que se trata de uma pessoa incapaz, ou agindo com incapacidade diante das situações da vida.

Não arrume culpa onde você não tem culpa, nem invente erros onde você não errou. Mas nunca banque a postura da luta do bem contra o mal, o errado contra o certo, ou a dualidade do céu contra o inferno.

Nos conflitos entre pessoas adultas e sensatas, nunca há pessoas que são cem por cento certas e outras que sejam cem por cento erradas.

O que há é uma disparidade de acusações, e pouca humildade para cada um assumir sua parcela de culpa.

Você nunca vai encontrar uma ajuda para seus problemas e conflitos interiores enquanto não se encontrar dentro do seu próprio coração a disposição para reconhecer seus próprios erros e falhas. E não aja com superficialidade e com pouco caso nesse quesito. Reconhecer onde falhei ou onde fui negligente não é o fato determinante para resolver os meus problemas e conflitos interiores, mas se torna um ponto de partida para lidar melhor com minhas feridas e decepções.

Não busque resolver os conflitos de relacionamento ou as mágoas do caminho com a postura do "eu sempre estou certo e o outro está sempre errado". Não recorra à metodologia fracassada de que "ele era o mais errado" e "eu errei menos". Não se resolvem as mágoas, os ressentimentos e as decepções da vida com cálculos matemáticos, nem com posturas de apoio ao mais certo e condenação ao mais errado.

Humildade é um poderoso remédio, mas o excesso de qualquer remédio é uma overdose maligna, que pode causar males de proporções maiores. Humildade não é falsa modéstia nem a postura de que "o culpado sou sempre eu". Não invente culpa onde você não a tem, mas, por favor, admita a culpa onde você tenha falhado de forma consciente ou não. Humildade é, acima de tudo, capacidade de enxergar a verdade acima das minhas mágoas, dores ou decepções.

Não se comporte como vítima ou coitado, nem se faça de herói martirizado até o extremo que tudo suportou, até o limite de não aguentar mais. Admita honestamente a impossibilidade de conviver com determinada situação, sem precisar ser herói nem vítima.

Um tremendo erro acontece quando buscamos ajuda, consolo, apoio ou suporte psicológico para as situações de conflito e decepções do nosso coração e esperamos que a outra parte funcione como um tribunal inquisidor, sentenciando para o afago do meu coração que eu sou a vítima e a outra parte é o algoz.

Quando busco ajuda para sanar as mágoas abertas e as feridas do meu interior, eu não posso buscar justificativas que alarguem a postura do meu ego e respostas que não sanam o meu orgulho ferido. Se a humildade é o poderoso remédio para curar os males da alma, ela só surte efeito quando gera em nós a força do perdão e nos coloca com os pés no chão para compreender as coisas do jeito que realmente são, e não como eu quero que sejam.

A força restauradora do perdão

A vida me convenceu de que o remédio mais necessário para se viver mais plenamente, de forma mais saudável e em paz comigo mesmo se chama *perdão* – seja o perdão dado ou o perdão recebido.

É um tremendo delírio do nosso ego achar que somente nós precisamos perdoar os outros. Somente uma pessoa extremamente ignorante, que não se enxerga de forma nenhuma, ou extremamente soberba, que não desce do pedestal para tocar suas próprias fragilidades e limites não percebe a necessidade da reconciliação contínua consigo mesmo e com quem estabelecemos relações.

Uma prática cada vez mais comuns na relações frágeis e ambíguas que estabelecemos com as pessoas é romper laços, findar relacionamentos ou simplesmente ignorar a presença do outro na nossa vida. Ainda que não seja tão simples ignorar quem vive ao nosso lado, recorrem-se a máscaras, fingimentos, cara emburrada, mal humor, grosserias, más respostas ou a comportamentos infantis: fingir que não estou vendo o outro, olhar para o outro lado, quando não se recorre à ironia ou se faz de vítima. Muitas vezes, o caminho escolhido é o do "silêncio ignorante" – não faço caso da presença do indivíduo, e menos ainda de lhe dirigir qualquer palavra, ou falo só o que for estritamente necessário.

Não é possível enquadrar ou mensurar todas as feridas e decepções que cada um passa nos seus relacionamentos da mesma forma e com o mesmo sentido. Mas é possível constatar que, quanto mais eu decido aprisionar o mal recebido, mais infantil, incoerente e doentio fica o meu comportamento. Eu tenho direito de sofrer, de me baquear e de constatar o tamanho da ferida que eu sofri, ou mesmo causei no outro. Eu só não serei justo e sensato com meu coração se escolher o caminho da "ferida que não se cura", ou do "mal que não tem remédio".

Quem mais precisa do perdão para destravar as amarras do próprio coração sou eu mesmo. Quem age com consciência reta, justa e serena não dorme bem, não come bem e não vive bem, sabendo que errou e não admitindo o seu erro. Mesmo que seja preciso um tempo prudente para acalmar os ânimos, colocar ordem na mente e no coração e não ser movido pelo excesso de sentimentos, não podemos ignorar a necessidade urgente de reconhecer que erramos e, com o remédio da humildade, buscar o perdão e a reconciliação onde o elo foi abalado ou mesmo rompido.

Não é sábio nem salutar eu sempre esperar que os outros me peçam desculpas, perdão ou que admitam suas falhas. Não seja insano a tal ponto de se sentir um "deus", quando está mais para soberbo ou medíocre. Fica muito difícil – quando não impossível – o amadurecimento de qualquer relacionamento humano, quando não se tem a capacidade de buscar o perdão e a reconciliação, reconhecendo os próprios limites.

O perdão revigora, acalenta e fortalece o coração e torna nossas relações mais saudáveis, duradouras e profundas. Quem nunca precisou recorrer à força do perdão nos seus relacionamentos pode acreditar que vive numa relação medíocre, insana ou de laços superficiais.

O perdão dado e recebido é o melhor presente dado para o outro, e melhor recebido por cada um de nós. Mesmo que os outros não lhe peçam perdão ou não reconheçam que falharam com você, não deixe de mergulhar a alma na força restauradora do perdão. Muros e barreiras que se criaram dentro de nós começam a ruir e a cair por terra. Caminhos se abrem e horizontes se alargam. Nossa semblante e nosso interior experimentam uma paz que revigora e cura feridas profundas e, muitas vezes, esquecidas.

Cada vez mais se constata que o remédio mais necessário até para nossas debilidades físicas se chama *perdão*. Eu posso até decidir viver "de boa", ignorando as coisas negativas que me acometeram, sem me preocupar em perdoar ninguém – em outras palavras, "deixar as águas rolarem". Mas, para viver plenamente bem, o perdão é o caminho mais exigente, porém o mais saudável e revigorador.

Quando eu decido viver o perdão e a reconciliação com alguém, não significa dizer que as coisas irão voltar a ser como antes, como se nada tivesse acontecido. O perdão sincero provoca reflexão e revisão de posturas. Se o perdão foi invocado, é sinal de que algo não estava bem e precisa de revisão ou reparação. Ele é um antídoto fenomenal para corrigir os exageros, rever posturas e aprimorar nossos relacionamentos. Tudo se torna melhor com o remédio do perdão.

Tudo se torna mais complicado e amargo quando insistimos em remoer mágoas e ressentimentos. O progresso espiritual e pessoal no coração de quem perdoa é perceptível no rosto, nas palavras e nas posturas de vida. Quem perdoa o outro não precisa fazer propaganda ou chamar atenção para o fato – os gestos e atitudes irão demonstrar para a própria pessoa se ela ainda é livre, ou escrava das amarras do rancor.

4

Administre a própria vida – Assuma as próprias escolhas e comande o seu tempo

O que se pode esperar de uma pessoa adulta? Que ela assuma responsabilidade pelos seus atos, condutas, escolhas e direcionamentos que der à própria vida. Toda formação e educação que recebemos na família, na escola e na vida é para temos plena consciência dos nossos atos. Eu sou o primeiro responsável pelas minhas escolhas e preciso a cada dia ter consciência disso. Quanto mais eu me conscientizo das minhas responsabilidades, melhor eu administro minha vida e oriento meus passos.

A nossa vida será mais produtiva, frutífera e organizada à medida que não nos omitirmos em assumir a direção dela. Nesse caso, não restam escolhas: ou eu comando minha vida, ou outros irão fazê-lo por mim; logo, eu serei cada vez mais diluído e me tornarei uma pessoa sem iniciativa e sem responsabilidade sobre meus atos. A autonomia da vida não significa isolamento e priorização do individualismo – comportamentos tão pertinentes à cultura moderna. Autonomia é sinônimo de responsabilidade, cuidado e capacidade de gerir algo com iniciativa própria.

O que caracteriza uma pessoa adulta e responsável não é a sua idade cronológica, mas sua autonomia de gerir seus próprios atos e escolhas. Não seja uma pessoa sem iniciativa e sem comando sobre sua própria vida. Por mais que eu dependa de outros e outros dependam de mim, só serei mais eficiente e eficaz quando assumir a direção da minha própria vida.

Uma pessoa amiga me disse uma vez que é mais fácil gerenciar uma grande empresa do que gerenciar a própria vida. Eu concordei com ele, e constato muitas vezes a atuação brilhante de gerentes, administradores, gestores e responsáveis por excelentes iniciativas que gerem de forma exemplar seus trabalhos e negócios, mas não acontece o mesmo com a própria vida. O que parece ser um contrassenso é, na verdade, um caminho de compreensão mais amplo da vida nos dias de hoje.

Tudo na vida é questão de prioridade. Aquilo que priorizo fazer e me aplicar, ali eu vou render mais e vou ser melhor fazendo o que escolhi fazer. E ter prioridades é uma exigência fundamental para que nossa vida seja bem administrada e cuidada. O problema é quando uma prioridade vira uma obsessão e exclui o resto da vida. Ninguém consegue fazer apenas uma coisa, e não se pode viver apenas em função de uma única realidade.

Você pode até se tornar bom, excelente e único naquilo que faz, mas corre o sério risco de perder elementos essenciais da própria vida. Uma pessoa pode se determinar a construir uma excelente casa para morar, e dedicar muito tempo para fazer isso. Por mais que a casa seja uma prioridade naquele momento, ela não pode ser o único elemento da sua vida. Quando a casa ficar pronta, linda, espaçosa, sofisticada e confortável, isso de nada adiantará se a pessoa já não tiver mais nem família para habitar aquela casa.

Gerenciar a própria vida é muito mais do que administrar um negócio ou empresa. A vida é muito mais exigente, ampla e dinâmica.

Eu posso ter prioridades na vida, mas nunca uma única e exclusiva prioridade. A exclusividade me leva a excluir elementos importantes e essenciais que tornam minha vida mais vazia de significado e mais pobre de valores.

O gerenciamento da vida exige saber administrar as prioridades de cada momento, sem contudo diminuir ou excluir as outras. O trabalho pode até consumir e exigir mais de mim em determinados momentos da minha vida; no entanto, eu não posso permitir que minha vida seja comanda por ele. E, ao contrário, eu preciso comandar a minha presença no meu trabalho. Uma pessoa me disse certa vez: "Se eu não trabalhar muito todos os dias, a minha família não terá o que comer". Eu simplesmente disse a ele que a família não sobrevive apenas de uma única forma de alimento.

Uma mãe que tem muitos filhos pode, sim, priorizar a atenção para este ou para aquele mais necessitado de sua atenção de mãe, ou que esteja passando por uma situação especial. Mas ela nunca vai excluir os outros filhos do seu amor de mãe, pelo contrário: vai trabalhar para incluir os outros filhos na necessidade do que o irmão vive.

Administrar prioridades é um desafio exigente, sobretudo quando se tem tantas coisas exigentes e necessárias para a vida. Saiba distinguir o importante do urgente. Saiba estabelecer uma escala de valores e, a partir dela, foque a vida nos elementos fundamentais, sem deixar os pontos essenciais. Nunca deixe de priorizar uma boa reflexão para fazer escolhas essenciais (vou tratar disso no último capítulo) e não se esqueça de envolver e ouvir pessoas essenciais e importantes na sua vida na determinação de suas prioridades.

Administre bem o tempo – O tempo é precioso e exigente

A vida ocorre no tempo, e o tempo determina a qualidade e o sabor da nossa vida. Cabe a cada um administrar o seu tempo para que a vida seja bem vivida.

A cada dia sou mais consciente do valor e da preciosidade do tempo que tenho para viver, e lamento os tempos perdidos, mal aproveitados e vividos em muitas ocasiões da minha vida. Tomar consciência do valor do tempo ordinário organiza e direciona a nossa vida para que ela não se perca ao longo do caminho.

Toda uma vida se perde, se desordena e fica sem foco quando eu não priorizo administrar bem o meu tempo. Não se trata de ser escravo do tempo, mas de ter responsabilidade e amor à vida. Quanto mais eu uso bem o meu tempo, melhor será minha vida, meus relacionamentos e o cuidado com minhas responsabilidades.

A afirmação de que "o tempo é precioso" não remete de modo nenhum à conotação capitalista de que " tempo é dinheiro". O tempo não tem valor monetário e não se mede a qualidade da vida humana em cifrões ou valores materiais. Não há pior forma de "empobrecer" a vida humana do que olhar para ela apenas por uma dimensão. E não podemos resumir a jornada da vida como se ela fosse uma "caça ao tesouro".

O bom uso do tempo garante qualidade e administração saudável da vida. Ela se torna mais dinâmica, mais leve e mais organizada. Pode até soar irônico nos tempos em que vivemos, em que somos reféns de tantas tarefas, obrigações e responsabilidades, acreditarmos em vida mais leve com todas as exigências que precisamos atender. O erro que estamos todos correndo o risco de cometer é justamente se perder na "administração do nosso tempo" por querermos fazer tantas coisas e achar que seremos melhores pela quantidade de coisas que fazemos e praticamos.

Não há tempo perdido; o que há é mau uso do tempo e o desperdício do tempo útil em futilidades e inutilidades. Só quem vive ou já viveu a prorrogação do tempo sabe o quanto é valioso cada minuto da vida.

Administradores do tempo

Como bom admirador que sou do esporte, confesso que nenhum jogo pode ser jogado em função do tempo, mas não posso negar que muitos jogos se perdem por se "perder a noção do tempo". Na sociedade humana não é diferente! Muita gente perde jogos importantes da vida por não saber administrar ou fazer o bom uso do tempo que tem.

No futebol, quem controla o tempo é o juiz. O jogador não joga olhando para o relógio, mas para a qualidade do seu jogo e para o esquema tático em que ele está inserido. Porém, a lentidão, a falta de entrosamento a tempo no esquema tático proposto ou, pior ainda, levar gol do adversário restando pouco tempo de partida, obriga o time a "correr contra o tempo". Se parecia no início do jogo que todos tinham "todo tempo do mundo", agora se torna uma agonia e um desespero saber administrar em poucos minutos o que não se fez em quase noventa de partida.

Por muitas vezes, eu escuto as pessoas dizerem: "Se eu pudesse voltar no tempo...". O fato é que o tempo que foi não volta mesmo. O que nos resta é o tempo que temos pela frente, e aqui não podemos mais ser inconsequentes. Cuidar bem da vida é administrar o tempo que cada coisa exige, e ser inteiro na vivência daquele tempo. Não se pode fugir para viver de passado, nem ser dominado pela ansiedade para viver o que ainda não chegou.

Quando eu entendo que cada coisa tem seu tempo e que o tempo para cada coisa precisa ser único, eu coloco o tempo a meu favor. Não posso cometer o erro de querer fazer muitas coisas ao mesmo tempo, porque o tempo está a serviço da vida e a vida só é saudável quando se aprecia bem o tempo, fazendo-se presente por inteiro no que estou vivendo.

Se eu sei determinar o bom uso do meu tempo, saberei administrar minha vida. Quando eu não sei o que fazer com o tempo, ou não tenho tempo para nada, significa que não sei administrar minha própria vida.

Governe a própria língua e os impulsos do coração

Eu acredito que nós evitaríamos 80% dos nossos problemas de comunicação na sociedade, na família e nos convívios humanos, se soubéssemos manusear nossa querida língua. Tenho percebido que muitas pessoas se "gabam" do título que deram a si mesmas de "sinceras", pelo fato de falarem tudo que pensam. Elas nem refletem sobre o que dizem e ainda acham que os outros têm a obrigação de ouvir e até de concordar com tudo que elas falam.

Quem não tem freios na língua, não tem controle sobre si mesmo e nem comando sobre seus próprios impulsos. Eu tenho liberdade de falar o que quero e o que penso, mas também preciso ter discernimento sobre o que devo falar, a hora de falar, como falar e se devo falar. Quem não administra o que fala, não consegue administrar bem a própria vida.

Está longe dos meus objetivos inibir, frear ou censurar quem gosta de falar bastante ou, como diz o ditado, "falar até pelos cotovelos". A questão não é a quantidade de coisas que uma pessoa fala, mas a verdade por trás daquilo que ela fala, e como fala. Às vezes, uma pessoa com uma simples frase ou palavra pode dizer tanto mais coisas do que uma pessoa que fala, fala e não consegue transmitir objetividade nenhuma no que falou.

Uma coisa é certa e digna de consideração: comunica-se melhor e com mais eficácia quem segue o velho ditado: "Aquele que pensa tudo o que fala e não fala tudo que pensa". Até porque nem tudo que pensamos é correto, verdadeiro e autêntico. E, ainda que fosse, o que pode ser verdade para mim, não significa que seja uma verdade universal. E, mesmo que fosse uma verdade, não significa que aquilo que vou falar vai edificar.

A má comunicação feita de qualquer jeito e de qualquer maneira já provocou guerras históricas, destruiu civilizações, histórias, cidades, famílias, relacionamentos, amizades e, sobretudo, vidas e reputações.

A sociedade em que vivemos é cercada por um drama ainda maior – vivemos no mundo dos boatos. Não há coisa mais terrível do que viver cercado por pessoas que vivem de contar e espalhar boatos. Elas geralmente são transmissoras de "disses" e "não me disses", e quando precisamos saber, ninguém sabe o que disse.

Se você desejar viver uma vida saudável e descomplicada, fuja da onda de boatos, fofocas e de pessoas que não têm freios na língua. Também não seja o semeador de fofocas e conversas fiadas; seja disciplinado no uso da sua língua. Quem não sabe administrar a própria língua padece para administrar a própria vida.

Preciso contar a você que corro de pessoas que dizem que precisam falar comigo e, quando sentamos para conversar, falam sobre a vida dos outros. Geralmente, repetem coisas que já escutaram de outros e agora precisam contar para alguém. Eu não tenho dificuldade para acolher ninguém, para conversar sobre nenhum assunto – aliás, quanto mais diversificado for o assunto, mais eu gosto de conversar – mas quando a conversa gira em torno da vida dos outros, sobretudo de coisas com cheiro de boato e fofoca.

Ouvir dizer "Você já está sabendo?" revela que o cheiro dessas conversas nunca é bom, e sempre deixa um mal estar dentro de mim. Confesso a você que passei a ter mais saúde física, psíquica, emocional e espiritual quando deixei a companhia e o convívio de pessoas fofoqueiras.

Talvez você possa estar pensando que faço distinção de pessoas, ou me sinta melhor do que outras com que tenha alguma espécie de preconceito. Mas, de forma nenhuma: o que gosto muito é de saúde, convivência saudável e de conversas produtivas e que façam bem à alma, à mente e ao coração. Veja, eu tenho muitos amigos que fumam e não deixaram de ser meus amigos por causa disso. Mas, por favor, não fumem perto de mim e muito menos na minha presença. Na verdade, eu preferiria que eles não fumassem, mas eu não posso fazer escolhas por ninguém e nem querer que as pessoas sejam como eu. Mas eu posso escolher evitar as pessoas que não me agradam e não me faz bem.

Digo com muita convicção e propriedade: fofoca e boato fazem mal para a saúde e para convivência humana saudável. Vive melhor, com mais deleite e serenidade, luz e bondade para semear, quem vive longe das conversas tolas, maledicentes e recheadas de fofoca.

Pare de complicar sua mente com a poluição da "indústria do boato". Assim como existe a indústria do cigarro, da pornografia, dos enlatados e tudo isso são coisas nocivas e prejudiciais à nossa saúde, acredite que a "indústria da fofoca" só gera malefícios de toda ordem.

Recentemente, eu li algo que me chamou muito a atenção: as pessoas fazem cursos para aprenderem a falar com Deus e o mundo, mas faltam cursos para aprenderem o que não se deve falar, ou ainda, a se calar quando o silêncio se faz necessário.

Um segredo para quem necessita aprender a falar e se comunicar é, sobretudo, saber silenciar, escutar e ponderar tudo o que você precisa dizer ou falar.

5

Qualifique o que você faz – Valorize sua vida e pratique bons hábitos

NINGUÉM PODE APRECIAR MELHOR o que você faz do que você mesmo.

Cada um de nós está rodeado de compromissos e obrigações na vida. Umas pessoas tem mais compromissos e responsabilidades do que outras, mas jamais o que outro realiza é mais importante ou valioso do que o que cada um de nós fazemos. Quem concede valor e significado aos meus atos sou eu mesmo, quando os realizo.

Cabe a cada pessoa saber valorizar e reconhecer a importância de tudo que realiza nesta vida, e fazer tudo com a melhor disposição e energia. Algumas pessoas enobrecem demais o que fazem e outras se envergonham demais do que fazem. E aí surge um incômodo terrível quando alguém deseja ser o que outro é, ou alguém desperta inveja no outro por aquilo que faz e realiza.

Não podemos deixar de reconhecer que a vida, o mundo e a sociedade não concedem as mesmas oportunidades para todos. Contudo, isso não pode ser o parâmetro de valorização ou desvalorização daquilo que me compete ser e fazer em minha vida. Eu confesso que, pessoalmente, sou um grande inconformado com as injustiças do mundo e não me calo quando posso dizer que não concordo com estruturas desiguais. Eu não sou reformista e nem utópico, acreditando que vou mudar o mundo e corrigir as insanidades e injustiças da minha vida. Mas não paro no negativo e nem na falta de oportunidade. Eu me determinei desde pequeno a viver na vida a dinâmica da valorização.

O que eu devo valorizar na vida?

Todo mundo sonha em "subir na vida" e atingir os maiores degraus que tiver a possiblidade de subir. E não há nada de mal em querer progredir, superar, lutar e vencer na vida. No entanto, acredito que os parâmetros para o tal progresso não podem ser medidos apenas por uma escala financeira ou profissional. O primeiro e mais importante degrau a subir na vida é o degrau *de amar a própria a vida e a si mesmo.*

Aprenda a amar e a valorizar a você mesmo, com toda sorte de riquezas interiores e dons que você carrega dentro de si. Ninguém descobre o potencial que está escondido dentro de si mesmo, se não se aprecia e reverencia a si próprio. Pode parecer algo contraditório e ainda complexo insistir no ponto da valorização pessoal, quando há uma tendência do ser humano para o egoísmo e para soberba. Contudo, não se pode confundir as coisas. Ter orgulho de si mesmo não é fruto de uma visão equivocada e distorcida da própria imagem – isso sim é soberba. Por outro lado, não consiste em me tornar o centro do mundo, o dono da verdade e as coisas girarem em todo de mim. "Eu em primeiro lugar" é a distorção do valor individual de cada pessoa, o que desemboca no *egoísmo*.

A arte de valorizar a si mesmo cria dentro de cada pessoa humana uma visão simplificada e mais profunda da vida. É uma viagem para dentro de si, para a minha história e para os meus ancestrais. É um reconhecimento e valorização de onde vim, da cultura que tenho, da língua que falo, dos desafios que meus pais superaram.

Eu preciso assumir com amor e ternura minha história, minha vida e o que sou com todas as riquezas e carências que eu possa ter. Mas essa história e essa vida são minhas e somente eu posso conceder significado e um valor muito precioso a ela.

Seja significativo

Um homem que trabalha como agricultor desde a juventude até o último dia da sua vida não é sinônimo de pessoa atrasada ou parasita. Ao contrário, quantos agricultores, levando a vida simples do campo, progridem de uma forma extraordinária no que fazem e, com o rastelo, a enxada, a disciplina e a determinação conseguem melhorar a plantação, a colheita e a própria vida. Com seu trabalho suado e valente, ele cria seus filhos e consegue formar as virtudes e o caráter de cada um deles. Consegue o respeito, o amor e a ternura da sua família. E, com o pouco ou o muito que ganhou, pode permitir que cada um dos seus filhos sigam seus caminhos e objetivos na vida. Um filho virou agricultor melhor que o próprio pai, e o outro virou médico reconhecido e respeitado por onde andava.

O fato é que o homem que trabalha com o rastelo não é nem um pouco mais importante do que o doutor que cura a muitos com sua medicina, ou a mãe que passou a vida inteira dando sua vida para cuidar dos seus filhos. O amor, a determinação e a valorização do que eu faço é que tornam significativo tudo o que eu realizo.

Não podemos cair na visão distorcida e mercantilista da vida. Eu não sou aquilo que produzo ou o que ganho ou adquiro na vida. Eu sou plenamente EU com aquilo que qualifica e concede significado à minha vida.

A nossa vida precisa ter significado, sabor e valor. E o que concede sabor e significado ao que eu sou e realizo são minhas escolhas. Mesmo que algumas coisas eu não tenha escolhido dessa forma ou dessa maneira, abraçar o que faço ou o que sou é uma escolha que vai conceder um sabor amargo, doce ou sem gosto nenhum para minha vida.

Assuma os seus limites e enfrente as dificuldades

Não há nenhum problema em assumir os próprios limites, fraquezas e dificuldades na vida. O verdadeiro problema é se esconder naquilo que você não é, e não consegue ser. Neste mundo onde as pessoas gostam de contar vantagens e aparecer com seus méritos e vitórias, parece que não há espaço para o reconhecimento de insucessos e desvantagens.

A melhor maneira de tirar um peso enorme das nossas costas e ter uma vida mais serena e fortalecida para os desafios de cada dia é assumir humildemente o que tenho, o que sou e o que posso fazer.

Fraco é quem não se assume, se esconde e corre de si mesmo. Fraco é quem não assume o que é, por vergonha ou medo de enfrentar as situações. Forte é quem assume suas fraquezas e limites sem precisar se justificar. Forte é quem não para nos seus limites e busca superar a si mesmo nas lutas da vida.

A ideia de super homens e super mulheres, de pessoas bem resolvidas e que superam todos os seus problemas e com facilidade é a imagem mais enganosa que se passa da realidade humana. O fato puro, concreto e autêntico é que essas pessoas simplesmente não existem na face da Terra. O que há são pessoas menos ou mais empenhadas em se superarem e que buscam ser melhores a cada dia. Contudo, ninguém é bom ou melhor naquilo que realiza sem uma consciência sincera de que tem seus próprios limites. Não pare neles, não se esconda neles e nem viva se justificando por causa deles.

Ao mesmo tempo, uma consciência singela e serena tem uma vontade firme e forte de fazer melhor, de se superar sempre e não desiste de nada por ter dificuldades ou limites.

Pratique bons hábitos

O hábito é como um lugar onde vivo, moro e me abrigo. E o melhor lugar para abrigar nosso coração é justamente nos bons hábitos e costumes.

O que faz uma pessoa ser boa são os bons hábitos que ela pratica e os bons costumes que adquiriu. O contrário também é válido:

uma pessoa se torna má pelos seus maus hábitos e maus costumes. Aprendemos a ser bons em casa e nos aprimoramos na escola da vida.

Os melhores hábitos que aprendi na vida foram dentro da minha casa, na simplicidade da minha mãe e com a vida muito pobre que levamos. Mas não nego que foram os melhores costumes que aprendi até hoje:

1. Respeitar os mais velhos.
2. Pedir a bênção aos pais.
3. Nunca falar palavrão ou coisa feia dentro de casa. (Claro que nem fora dela, mas uma única vez falei um palavrão, minha mãe me repreendeu severamente e nunca mais me esqueci.)
4. Nunca se levantar nem ir dormir sem falar com Deus.
5. Nada de sair da cama sem dobrar a coberta.
6. Pegou, devolva.
7. Nunca responder grosseiramente às pessoas mais velhas.
8. Nunca deixar comida no prato. Só colocar nele o que vai comer.

A prática de bons hábitos não faz bem somente a quem é contemplado, mas sobretudo a quem pratica, porque são pessoas que se tornam mais bem resolvidas e resolvem as amarras da vida com mais positividade e maturidade.

Eu ainda não consigo praticar todos os hábitos que anseio e necessito viver, mas o fato de reconhecê-los em outras pessoas me faz desejoso de tê-los na minha própria vida. Eu listei todos aqueles que me causam admiração e profundo respeito nas pessoas que vou conhecendo ao longo da vida:

1. A pessoa que *não fala mal de ninguém.*

2. *O ser humano generoso,* que é capaz de dividir o que tem com os outros.

3. *A capacidade de sorrir,* mesmo que interiormente tenha motivo para estar triste.

4. O bom e belo hábito da gratidão. *Sempre agradecer o bem recebido e cultivar gratidão por quem lhe fez o bem,* com gestos e palavras.

5. O gostoso hábito de dizer bom dia, boa tarde, boa noite, com licença, por favor, muito obrigado e *cumprimentar as pessoas por onde passa.*

6. A capacidade de *quebrar o gelo* e cumprimentar ou sorrir de forma bem singela, até para pessoas não tão conhecidas ou próximas.

7. O sagrado hábito de *nunca fazer uma refeição sem agradecer a quem é o Autor de toda alimentação.*

8. A atitude *de dar o passo para se reconciliar,* mesmo achando que o errado seja o outro.

9. O mais saudável e belo hábito: *pedir perdão e reconhecer que errou* quando errou. E saber perdoar quando o perdão é exigido.

10. O hábito de escutar os outros, prestar atenção em que está falando *e ser capaz de mais ouvir do que falar de si mesmo.*

11. *Praticar esportes e cuidar da saúde,* sem fazer disso um exibicionismo ou culto ao corpo.

12. *Ter paciência* com os limites ou fraquezas dos outros.

13. *Capacidade de ser discreto,* guardar segredos e nunca falar daquilo que não sabe da vida dos outros.

14. *Perguntar quando não sabe e pedir ajuda quando necessita.* Esclarecer as coisas quando ficou um mal-entendido.

Seria tão bom que você fizesse a lista de hábitos que qualificam sua vida! Para ser intensa, a vida não precisa de grandes gestos, mas de intensidade em cada um deles, e isso vai conferindo significado e valor à arte de viver.

Não deixe sua vida ser guiada pelo que "todo mundo faz", nem siga os maus exemplos daqueles que fazem o que não é correto ou justo para se dar bem na vida e ser bem-sucedidos. Há uma legião de pessoas que escolheram o caminho da vida "ilícita" ou do "se dar bem a qualquer custo" e que perderam o referencial do certo e do errado. Isso é um verdadeiro desvio moral e ético da conduta humana e, pelo fato de muitos fazerem o errado, convencionou-se transformar o que é errado em certo.

É muito complicado e embaraçoso tentar, depois, corrigir aquilo que começou errado – por melhores que tenham sido os resultados alcançados. Não perca a lisura e a retidão da sua consciência, por maiores que sejam as facilidades e os apelos às práticas erradas, a fim de obter aquilo de que você precisa.

O que deixa muitas pessoas perdidas e desorientadas é justamente o fato de se acostumarem a fazer o *errado* como se fosse o *certo.* Contribui para isso o movimento de corrupção moral amplamente difuso na nossa sociedade, que simplesmente incentiva, valoriza e normaliza as práticas erradas, sob pretextos equivocados. Não é saudável nem digna de reconhecimento qualquer conquista baseada no ilícito, no desonesto e em práticas escusas para simplesmente justificar nossas necessidades. É assim que se negligencia a consciência ou se relativizam os valores em nome de interesses e vantagens pessoais.

Nunca é demais dizer: *Seja honesto, mesmo que muitos não aparentem ser.* Reputação, consciência e caráter são bem preciosos que não podem ser esquivados em nome de um outro valor de ordem econômica e material. Não se acostume nem normalize diante da sua consciência a prática de qualquer ato desonesto para obter vantagem para quem quer que seja – ainda que, por causa disso, você seja considerado quadrado ou atrasado. O que atrasa e desqualifica uma sociedade é a desonestidade, a prosperidade dos maus e a exaltação dos atos desonestos e moralmente errados.

Os bons hábitos e a prática das virtudes irão guardar seu coração e sua vida de males e perversidades maiores. Ainda que você não receba reconhecimento de ninguém nem recompensa material, lembre-se de que ser bom e honesto são valores que nos mantêm na paz de espírito e na retidão de consciência. E não há nada no mundo que roube a paz de uma consciência honesta e justa!

6

Cultive um coração e uma mente sadia – Cuide das fantasias e dos fantasmas da cabeça e dos sentimentos do coração

QUANDO NOS DEPARAMOS COM pessoas profundamente tristes, amarguradas e inconformadas com a vida, logo imaginamos que elas passaram por grandes tragédias na vida. Nem sempre é assim, e o contrário se afirma de modo mais positivo. Eu já conversei com vítimas de acidentes e tragédias, e acompanhei pessoas que passaram por momentos muito delicados na vida. O que mais me impressiona em muitas dessas pessoas é a capacidade que elas desenvolvem de responder de modo diferente e ousado a esses acontecimentos.

Uma pessoa amiga perdeu seu marido numa recente tragédia área no Brasil. Um casal que conheci teve suas duas filhas adolescentes assassinadas de forma brutal, e outra pessoa próxima a mim testemunhou o pai assassinar a própria mãe. Escolhi relatar esses casos, e poderia citar tantos outros que conheço nesta jornada. Mas, nesses casos citados e em tantos outros que conheço há uma experiência transformadora com o Sagrado, de maneira que o coração e a mente dessas pessoas, em vez de ser aniquilados pelos traumas vividos, foram transformados a partir das cinzas. Todas elas deveriam, pela lógica da decepção, da amargura e do choque com a brutalidade da vida, responder de forma traumática, ressentida e negativa. Mas elas escolheram o caminho da *superação* e do *perdão,* e nasceram de novo.

Muitas pessoas, quando fazem um transplante de coração, testemunham para outros: "Nasci de novo". E, de fato, é um novo nascimento e uma nova vida. Porém, há outra forma de transplantar a mente e o coração que não seja necessariamente numa mesa cirúrgica, que tem permitido a muitas pessoas nascerem novamente. Todas as vezes em que escolho *transpor, superar* as incongruências da vida, uma nova vida se instala dentro de mim.

A vida, o mundo e todas as coisas acontecem primeiro dentro de mim. Eu nem sempre posso escolher o que acontece no meu mundo exterior, mas posso decidir o que guardar dentro do meu mundo interior. E essa decisão é que vai conferir qualidade e revigoramento para a minha própria vida.

Harmonia entre corpo, cabeça e coração

Há um mundo de coisas borbulhando dentro do nosso coração, e várias situações se processando dentro da nossa cabeça. Aqui, não me refiro somente à parte superior dos membros do nosso corpo. A cabeça é a governante, a direção da nossa vida, das nossas escolhas e decisões. Ela não só pensa, como também armazena, codifica, processa, assimila, fotografa e conduz todo fluxo dos nossos processos interiores e a conexão com o mundo externo.

Nossa cabeça garante a vitalidade da nossa vida. Nela se desenvolvem os embaraços e os desembaraços da vida. Quanto mais sadia for a nossa mente, mas saudável e plena será nossa vida.

Há muitos corpos aparentemente belos e saudáveis, mas condenados por mentes não tão saudáveis e, muitas vezes, complexas e altamente poluídas. Não somente a mente precisa de um corpo são, como o corpo precisa de uma mente muito sadia para ser pleno e verdadeiramente vigoroso.

A primeira coisa que devia nos impressionar numa pessoa não é o corpo que ela tem, pois ele pode variar conforme as circunstâncias e os tantos processos da vida – crescimento, gravidez, hormônios, tratamentos de saúde, enfermidades, velhice. Quanto mais saudável e harmoniosa for a mente da pessoa, melhor serão vividos esses e tantos outros processos da vida humana.

A cultura moderna não se dedica com a mesma atenção a cuidar da mente, como se aplica a cuidar do corpo. Há, na verdade, um verdadeiro culto ao corpo, decorrente da mentalidade hedonista que transformou o corpo humano objeto de atração e de repulsa. Não que cuidar dele não seja necessário, ou menos importante. O corpo precisa de respeito, cuidados, reparos e ser bem tratado, mas não pode ser considerado como vitrine ou produto de oferta e procura.

O fato é que há muitos corpos bem cuidados em cabeças vazias e sem juízo. Diante de uma cultura que prioriza a estética e o visual, o cuidado com o corpo sobressai aos valores essenciais para se formar um ser humano integrado.

Se todo o seu corpo precisa da melhor higiene, a mente precisa dos melhores cuidados e de um trato mais delicado ainda. E não somente do cuidado e da delicadeza interior – não podemos ignorar que muitos esportes que parecem muito saudáveis para o corpo e para o espetáculo são verdadeiras sessões de maus tratos contra a nossa cabeça. São espetáculos com espectadores de todo o mundo, em que os gladiadores se batem, se socam e, sobretudo, desferem numerosos ataques à caixa frontal, onde reside nosso cérebro e inteligência. As consequências são as mais nefastas e os problemas neurológicos se manifestam mais cedo ou mais tarde.

Na Grécia Antiga, Sócrates já havia ensinado aos seus discípulos que uma mente sadia se desenvolve num corpo sadio, e que um corpo verdadeiramente sadio é fruto de uma mente sadia. A harmonia entre a cabeça, coração e corpo geram pessoas equilibradas e sensatas. Não são os outros que determinam as medidas do meu corpo e o meu bem estar. Cada um deve buscar se conhecer o suficiente para não cair nos conceitos massificantes e indutores da moda e fazer escolhas adequadas para sua idade, para estar bem consigo mesmo e sobretudo no controle da sua própria conduta.

Mentalidade sadia

A nossa mente funciona com aquilo que nós a alimentamos. A reação diante das situações e questionamentos irá se processar de acordo com os elementos que ela tem armazenados ao longo da vida. À medida que conceitos vão se estabelecendo dentro de nós, vamos assimilando e formando uma *mentalidade* – nosso jeito peculiar de viver, ver, pensar e analisar o mundo e as realidades que nos rodeiam. Não é objetivo desta obra analisar e aprofundar a diversidade de mentalidades e os complexos mecanismos que constituem a mente humana, mas convém termos uma compreensão elementar desse conceito. Contudo, tomar consciência desse processo e rever conceitos e preceitos na vida não é retrocesso mental; é a lógica do amadurecimento da mente humana e da renovação interior.

Não se trata de ser sempre volátil ou não ter cabeça própria ou, menos ainda, ser cabeça dura ou cabeça aberta demais. Uma mente que pensa, reflete, absorve conceitos, amadurece ideias, reavalia opções e discerne caminhos é também capaz de revigorar e revitalizar sua visão de mundo, de fé, de vida e seus próprios conceitos absorvidos.

Mudanças não são sinônimo de retrocesso e nem sempre significam progresso. O fato é que o tempo evolui e as exigências da vida crescem, e respondemos a elas com a mente e com o coração que temos. Adaptações e mudanças são exigidas em todos os tempos e lugares. Quem não se abre para se posicionar ou se rever diante do novo atrofia a própria mente, não progride na compreensão do próprio mundo interior e sofre muito mais para viver e conviver com a sociedade. Uma mente aberta não se traduz por mente renovada, e nem uma mente antiga por obsoleta ou retrógrada. O novo não pode ignorar o processo da evolução histórica, assim como o antigo não pode parar no tempo e no saudosismo.

Uma mentalidade sadia equilibra os antigos e os novos elementos e amadurece sempre mais sua forma de viver e pensar a vida.

Não agrida sua mente

Desde criança escutamos nossos pais dizerem: "Tenha juízo!". Se o juiz é aquele que sentencia o que é correto e o que não está de acordo com a lei, a primeira coisa que precisamos estabelecer para nossa mente é que ela siga princípios, valores e escolhas coerentes. A falta de juízo é a falta de bom senso e de um discernimento sensato em nossas escolhas. Eu não posso fazer o que da na cabeça, porque preciso pensar, refletir e discernir com sabedoria o que mais convém.

É preciso cuidar para não sair por aí dando cabeçada para todo lado; assim, corremos o risco de perder a cabeça e o juízo. Viver sem juízo é fazer o que der na minha cabeça e nem sempre ela está vivendo seus melhores dias, ou está com capacidade suficiente para decidir alguma coisa. No auge da agonia, do desespero ou do desalento, podemos tomar decisões insanas que trarão depois consequências mais funestas e prejuízos maiores para a vida.

Uma pessoa de cabeça quente, nervosa e agitada por ser muito inconsequente nos seus atos e atitudes irá falar coisas impensadas e agirá de forma intempestiva e impetuosa, além de correr o risco de ser impiedosa e ofensiva. A sociedade testemunha a quase todo instante as loucuras e barbaridades cometidas por pessoas transtornadas e com os nervos à flor da pele.

Cada um deve cuidar de si e rever suas próprias atitudes. Não podemos nos acostumar com nossas intempéries, nem com atitudes agressivas, por menores que sejam. Às vezes, vejo pessoas que acham normal gritarias, palavrões ou se dirigir a outros de forma autoritária e agressiva. Nenhum ambiente familiar ou qualquer outro convívio social pode ser normal e harmônico – nem gozar de saúde mental ou psíquica – quando se convive com formas brutais de tratamento.

Cada um tem o seu temperamento, mas isso não pode ser desculpa para simplesmente cada um querer se acostumar a gritar, agredir ou desferir contra o outro qualquer tipo de ofensa. Você pode até ser uma pessoa calma, serena e tranquila em suas reações, mas você não pode se acostumar e achar normal qualquer tipo de agressividade verbal, física ou moral. Esse tipo de comportamento é agressivo para nossa própria mente – excita os neurônios mais calmos à agressão, ao ataque e à ofensa.

Aquilo que guardamos na cabeça e no coração é o que iremos depois falar, dizer e soltar na hora em que menos esperamos. Não faça da sua mente um depósito de coisas desagradáveis, agressivas, feias, sujas, impróprias, impudicas, indecentes e pornográficas. Nossa linguagem e nossas atitudes ficam poluídas desses elementos e, no dia a dia, a vida se enche de agressividade, banalidades e torpezas, e vamos nos acostumando com elas.

Quando se fala tanto de equilíbrio e saúde mental – e todos nós precisamos muito disso – mas deixamos nossa cabeça exposta a todo tipo de devaneios e insanidades, algo não está indo bem. Não assimile realidades agressivas e lixo mental para dentro de si; isso só traz perturbações, inquietações e desequilíbrios para o nosso interior.

Se nossos computadores precisam ser cuidados para não se contaminarem por vírus – elementos estranhos e danosos para o seu bom desempenho – imagine como precisamos limpar e sanar nossa mente, evitando os vírus e elementos danosos para a nossa saúde mental.

O que torna nossa mente saudável?

Cuidar bem da mente é cuidar bem da vida e permitir que possamos caminhar para o entardecer da nossa caminhada com equilíbrio e mais vigor. Alguns elementos fundamentais contribuem para que nossa cabeça funcione bem, com equilíbrio e sabedoria.

A. DESENVOLVA SUA ESPIRITUALIDADE

As práticas religiosas bem direcionadas para o encontro com Deus, vitalizando e dinamizando nosso interior e o nosso sagrado, são o melhor remédio que podemos dar para nossa mente. Contudo, a religião não pode ser sinônimo de opressão espiritual e fuga do mundo presente.

A graça da prática religiosa é justamente nos levar a ter uma vida espiritual, mística e interior. A vida mística permite curar os devaneios da mente e elevar o coração para os valores mais supremos da vida. Espiritualidade se conjuga com mente e coração saudáveis.

Uma espiritualidade bem vivida transforma mentes e mentalidades para o bem, para a verdade e para uma vida de amor e comunhão com Deus e com o próximo.

B. EXERCITE A MENTE

Uma mente que não se exercita se atrofia e se perde em devaneios e pensamentos vazios. Uma mente atrofiada se esquiva, se esquece, se perde e se embaraça facilmente. Assim como o corpo precisa de exercícios saudáveis e equilibrados, com a mente não é diferente:

- *Leia bons livros.* Não leia só por ler. Anote, risque, reflita, medite e extraia sempre os bons elementos de uma boa leitura.

- *Assista a bons filmes.* Entenda o enredo, a mensagem principal e as mensagens secundárias por trás de cada cena. Há filmes que são apenas para passar o tempo, e há aqueles que merecem mais concentração e reflexão da nossa parte. Assim como um bom livro, um bom filme eu não vejo apenas uma vez.

- *Seja seletivo.* Não assista a qualquer filme, não leia qualquer livro e não assimile qualquer conteúdo que a web e as redes sociais possam lhe oferecer. Seja muito criterioso e seletivo. Não se empolgue com capas e boas propagandas. Não se esqueça: numa cabeça boa só cabem coisas boas. Não temos tempo para tudo e nem tudo cabe dentro de nós. Ter critério e senso de escolha qualifica os elementos que vamos digerir e a saúde mental agradece.

- *Desenvolva seu senso crítico.* Não leia livros, jornais, revistas ou não assista programas simplesmente por assistir. Desenvolva a sede de conhecer mais, aprender mais, ampliar seus conhecimentos e capacidade de compreensão e leitura do mundo.

- *Desenvolva conversas amigas, agradáveis e inteligentes.* Troque ideias, discuta temas. Compartilhe experiências e conheça as riquezas do coração do outro.

- *Atice a boa curiosidade.* Pesquise, procure saber. Analise novas situações. Seja criativo e não deixe sua mente estagnada.

C. AME ATIVIDADES LÚDICAS E ESPORTIVAS

São atividades que fazem bem para o corpo e para a mente. Há brincadeiras, hobbies e práticas esportivas para todas as idades. Não vale a desculpa do cansaço ou do "não tenho mais idade para essas coisas". Ainda que seja sobre uma cama, é possível jogar dama, xadrez ou fazer palavras cruzadas.

Enquanto as pernas funcionam, elas necessitam se movimentar. A mente agradece e espairece os pensamentos quando eu me dedico a praticar qualquer atividade lúdica ou fazer qualquer esporte.

Não conceda somente atividade intelectual e mental para sua cabeça. A concentração e a capacidade de raciocínio e domínio de conhecimento se ampliam quando praticamos atividades que envolvam todo o nosso corpo.

D. EVITE CONVERSAS DESAGRADÁVEIS OU PESADAS E O TERRORISMO MENTAL

Há uma tendência, em muitos grupos de convivência humana, de disseminar conversas e trocar ideias sempre sobre coisas desastrosas e terríveis. Há pessoas que só conhecem o lado negativo, pessimista e obscuro da vida. Não podemos fechar os olhos para a realidade que nos cerca. Mas o que torna a vida melhor é semear a esperança e não se alimentar de desgraças, infortúnios e tragédias.

Pondere esses assuntos e considere a vida sob outro ponto de vista. A nossa cabeça merece o melhor para ser sadia.

E. EVITE OS SANGUESSUGAS

Não há como negar que existem pessoas que, nas diversas circunstâncias da vida, simplesmente roubam nossa paz, sugam nossa tranquilidade e nos desnorteiam emocionalmente. Elas exercem um domínio emocional e afetivo sobre a nossa vida, gerando um verdadeiro desequilíbrio em nosso interior. Saber lidar de forma sensata e correta com essas situações é um verdadeiro desafio e uma necessidade para adquirimos nossa paz mental e harmonia no coração, até porque muitas dessas pessoas fazem parte da nossa família ou são amigos que, de alguma forma, fazem parte do nosso círculo de convivência.

Ou fazemos uma escolha pela paz e pela libertação interior, ou seremos sempre reféns dessas situações e pessoas, permanecendo presos ao domínio que elas exercem sobre nós. Tais situações geram medo, receios ou incapacidade de reagir a elas ou enfrentá-las de forma adequada.

Reconheça que essas situações existem e de que forma elas dominam você. Não se trata de riscar essas pessoas da sua vida e, de uma hora para outra, deixar de falar com elas – isso seria apenas uma imaturidade a mais na sua vida. Em vez de proceder assim, assuma o controle das suas relações e não entregue o comando delas a ninguém. Limite a relação com essas pessoas. Corte os exageros e as formas de tratamento que forem inadequadas e imaturas.

Não deixe que nenhuma forma de relacionamento humano, inclusive familiar, represente um desequilíbrio para suas emoções ou roube as forças da sua alma.

Evite as pessoas que o deixam para baixo, que encaram a vida sempre de forma negativa e pessimista. Não alimente a convivência com pessoas dramáticas, sensacionalistas, amargas e derrotistas. Elas não o ajudam a encontrar o melhor de você, para fazer sua vida ser melhor e menos complicada. Pelo contrário, muitas vezes elas alimentam o terror mental e o sentimento de fracasso, e fazer emergir o pior de você.

7

Reflita sobre as próprias escolhas – A preciosa arte da meditação

A VIDA É UMA ARTE de fazer escolhas, tomar decisões e assumir ou não assumir responsabilidade pelas nossas escolhas e decisões. E talvez possamos alegar que nem tudo que se passa na minha vida foi uma escolha ou decisão minha. Contudo, é uma decisão minha aceitar ou não viver a vida que tenho hoje, ou refletir que outros horizontes eu posso trilhar pela frente.

O que torna a arte de viver sensata e equilibrada é a capacidade de refletir sobre nossos próprios atos, rever nossa vida e meditar com solicitude sobre nossa própria vida e tudo que gira ao seu redor.

A aplicação na reflexão diária é uma atitude cada vez mais necessária e emergente, para que não nos percamos em meio ao turbilhão das agitações e exigências da modernidade. Quando não refletimos bem o que precisamos fazer ou deixar de fazer, corremos o sério risco de nos atropelarmos ou sermos atropelados pelas séries de atividades, obrigações, rotinas, carências, cobranças, lutas, empenhos, tarefas e, sobretudo, pela velocidade das exigências do nosso cotidiano.

O que é reflexão?

Reflexão é, antes de tudo, a capacidade de voltar-se sobre si próprio, para o seu interior, para a mente e para o coração. Contudo, uma verdadeira reflexão só pode ser feita à luz de uma boa meditação. A meditação nos ajuda a ver as coisas com mais profundidade, serenidade e bom senso. A meditação nos leva a não considerar as coisas de forma superficial, nem refletirmos as coisas de um ponto de vista parcial ou egoísta.

Aqui, quero tratar da reflexão pessoal, como ato que cada um de nós deve ter diante da vida e que exige da pessoa uma tomada de atitude, postura, decisão ou definição. Ninguém pode decidir nada na vida sem refletir, pensar e meditar sobre o que se deve decidir. O que mais causa desastres, acidentes, tragédias, falências, fracassos e embaraços no mundo, na sociedade, nas famílias, nos relacionamentos e na vida individual é a falta ou a fragilidade das reflexões e das próprias escolhas.

A reflexão ou a falta dela traz reflexos diretos na nossa vida e na vida de outras pessoas dependentes ou não de nós. Reflexão é, acima de tudo, atitude de sabedoria e de amor à vida e ao próximo. Quem não tem muito amor no coração pensa e reflete sempre de forma muito pessoal e egoísta. Os reflexos de tais escolhas serão sempre escolhas egocêntricas e voltadas para seus próprios interesses e para o seu bem estar pessoal. Quem age assim não será capaz de perceber se tal escolha prejudica outros ou não. Toda reflexão começa sempre no próprio indivíduo, mas isso não significa que ela tem que se voltar ao próprio indivíduo e se fechar nele. A boa reflexão vence as barreiras do individualismo e se abre para as fronteiras da escuta, do aconselhamento, das experiências de outros, da troca de ideias e do amadurecimento das convicções.

Imagine um motorista de um veículo que se depara com uma situação adversa na estrada, e que terá um tempo ínfimo de reflexão para tomar alguma atitude. Jamais se espera que ele busque salvar sua pele em detrimento da morte dos outros passageiros. Contudo, não é nenhuma novidade que, infelizmente, um ou outro é capaz de salvar a si somente e não pensar nas outras vidas que estavam sob sua total responsabilidade.

Não posso compartilhar de reflexões e escolhas de vida onde o que importa é a satisfação dos anseios egoístas de cada um. Toda escolha egoísta de vida gera pessoas mais insanas e torna a sociedade mais prejudicada, conflitiva e desordenada. Além disso, um indivíduo centrado em si mesmo nunca será honesto consigo mesmo, nem justo e muito menos sensato. Ou desistimos de fazer o mundo girar em torno de nós, ou continuaremos a pagar muito caro pelas escolhas erradas que insistimos em fazer.

Toda reflexão feita com serenidade, verdade, humildade e aplicação gera uma pessoa melhor e transforma o meu próprio mundo interior. A capacidade de refletir é própria da natureza humana e gera seres humanos mais completos, sadios e capazes de transformar as realidades. Quanto menos se reflete sobre os próprios atos, maior se torna a probabilidade de errar, de se equivocar e de cometer negligências.

Pessoas não reflexivas se tornam propícias a tomar decisões precipitadas, limitadas e inconsequentes. Nunca é um erro pedir um tempo para pensar, refletir ou meditar sobre uma decisão a ser tomada ou uma resposta a ser dada. O mal é não pensar, não refletir e ser movido pelos impulsos do momento, ou pelos sentimentos exacerbados. Um rápido retrospecto sobre a nossa própria vida vai nos fazer perceber que poderíamos ter errado menos ou não "quebrado tanto a cara" se tivéssemos refletido melhor as escolhas ou as decisões tomadas.

Os desvios do caminho

O caminho para uma reflexão boa, frutuosa e eficaz exige esforço, disposição interior e tenacidade para se chegar a um *discernimento* sensato. Antes de abordar o caminho do discernimento, quero apresentar os desvios e extravios que se apresentam ao longo da estrada. Devemos evitar seguir, por mais tentadores que sejam, estes desvios de rota:

A. CUIDADO COM AS ILUSÕES E PROPAGANDAS

Um passo fundamental para se fazer uma verdadeira e reflexão reside no esforço de libertar a mente e o coração das artimanhas sedutoras do mundo das ilusões e propagandas enganosas. Sobretudo porque qualquer ilusão nos ludibria por causa de uma propaganda boa e muito atraente. Eu não tenho nada contra os profissionais do mundo da mágica ou, menos ainda, contra a arte da propaganda, porque são artes necessárias para o entretenimento, para o conhecimento de novidades e para propagar ideias, artes e a boa cultura. Apenas faço uso alusivo desse mundo para exemplificar e simplificar a compreensão de certos elementos muito presentes em nossa vida cotidiana.

Uma pessoa iludida é uma pessoa ingênua e sem conhecimento real do elemento pela qual ela está se deixando iludir. Se a ilusão é um engano de ótica, pessoas iludidas estão cegamente enganadas e não percebem o quanto estão sendo seduzidas e induzidas a erro pela propaganda oferecida.

Em definitivo, precisamos aprender para toda a vida, que todo caminho fácil e bonito demais é sempre enganoso e perigoso. O mundo encantando e mágico dos contos de fadas existe somente na mentalidade infantil das crianças – ou dos adultos que não amadureceram a própria mentalidade infantil.

Quando alguém lhe oferece caminhos fáceis demais, não se deixe levar por conversas falaciosas. Mágicas e milagres mágicos não existem em lugar nenhum do mundo. O que existe é trabalho, dedicação, esforço, superação e aplicação para se conseguir a meta almejada. É óbvio que existem caminhos mais eficazes para se chegar a um determinado objetivo ou ter melhor êxito para superar certos desafios. A ciência, as pesquisas e o labor humano constroem caminhos e fazem descobertas excelentes que facilitam e melhoram demais a nossa vida. A reflexão que nunca pode deixar de ser feita é sobre o que de fato é real e concreto e o que é sonho, promessa, propaganda ou anseio ilusório da mente. E digo mais ainda: será que aquilo que foi eficaz e eficiente na vida de outros terá também a mesma eficácia para você?

Porque erramos tanto em nossas escolhas na vida? Não resta dúvida de que o grande erro que praticamos consiste justamente em prestarmos mais atenção na propaganda do que no produto em si. Que ninguém se sinta ofendido com a linguagem comparativa, mas no mundo da comunicação exemplificações comparativas nos ajudam a compreender melhor o assunto que as teorias querem explicar.

Quando uma pessoa se enamora de outra, geralmente o conteúdo externo é o primeiro a ser observado. E quando os enamorados não evoluem a capacidade de visão, a probabilidade de se enganarem e de se iludirem é muito grande. Uma moça pode dizer "Eu me apaixonei por um homem lindo, cheiroso, educado, inteligente e sedutor". Depois de um tempo de casada, ela talvez diga: "Eu me casei com um homem grosso, frio, bagunçado, mentiroso e egoísta. Ele me enganou o tempo todo!".

Eu não acredito que ninguém engane ninguém. Eu creio que nos deixamos enganar e nos iludimos muito com a casca, com a propaganda, com encantos, com seduções, palavras bonitas e propostas enganosas.

O segredo da inteligência nas escolhas da vida reside justamente em se vacinar contra os ilusionismos do caminho. Aqui não se trata de viver desconfiando de tudo e de todos, como se nada prestasse. Um erro maior que pessoas muito decepcionadas e enganadas também podem cometer é achar que devem viver agora o excesso da desconfiança. É comum encontrar pessoas afirmando: "Eu não confio em mais nada e em ninguém".

Não é esse o caminho a ser percorrido. Uma coisa é se deixar levar por qualquer propaganda, e outra coisa é achar que toda propaganda é falsa e enganosa. O que precisamos saber é que a propaganda é feita em função do produto, e não em função dela mesma. O que acontece é que nós compramos a propaganda e não o produto que ela anunciou. A sabedoria consiste em separar uma coisa da outra.

Ninguém sensato ou inteligente irá fazer uma propaganda dizendo que seu produto é ruim ou que não é bom. Para ser uma boa propaganda, ela precisa ser apresentada a partir do positivo. Cada um de nós não vai se apresentar numa proposta de trabalho dizendo: "Eu não presto, eu sou um trabalhador preguiçoso". É claro que não; você fará seu currículo apresentando suas melhores qualidades e as melhores referências que tenha de você. Uma empresa sensata não vai contratá-lo somente pelas boas qualidades que você mesmo apresenta de si. Ela vai querer conhecê-lo. Geralmente, ela submete novos contratados a alguns testes de aptidão, somados com suas referências, ou sobretudo, submete a pessoa a trabalhar em caráter experimental.

Nos empreendimentos, empreitadas e discernimentos que precisamos fazer ao longo da vida, é muito importante a sagacidade, a tenacidade e o amadurecimento da visão interior para discernir nossas escolhas. Somente sabendo separar o produto da propaganda é que evitaremos nos desviar da via da ilusão.

B. EGOÍSMO

Na introdução deste mesmo capítulo, eu fiz questão de tratar o tema do egoísmo como uma meta essencial a ser superada nas reflexões da vida. Uma pessoa egoísta não reflete com sabedoria, flexibilidade e honestidade. O fato é que ela tem uma visão distorcida, enganosa e ilusória da vida e das situações.

Em primeiro lugar, uma pessoa egoísta tem pouca ou limitada capacidade de reconhecer seus próprios erros. Não existe reflexão sem uma autocrítica sincera e honesta. Não é fraqueza ou derrota admitir que errou, que falhou e que não conseguiu atingir suas metas e objetivos na vida. Agora, é um erro praticamente irreparável ter a noção de que errou e não querer assumir seus erros.

Outro sério problema consiste em querer sempre buscar a culpa nos outros e nas situações. Em qualquer trabalho ou empreendimentos que nos propomos a fazer na vida, nunca existe "o culpado". Pode ser que alguém tem falhado um pouco mais ou um pouco menos, mas o fato é que, quando assumimos fazer qualquer coisa em conjunto, o erro precisa ser assumido no conjunto. O mesmo se diz dos acertos, êxitos e vitórias. Erramos juntos e acertamos juntos na vida.

O egoísta controla de modo diferente. Os erros são sempre dos outros e os acertos são dele. Nunca existe nada mais desagradável do que ter que dividir responsabilidades com pessoas egoístas, egocêntricas e ególatras. O mundo gira em torno delas, em função delas, e todos os méritos se devem a elas, segundo pensam.

Não podemos negar que há pessoas que se destacam um pouco mais do que outras naquilo que fazem. Contudo, é um mal para o conjunto – e péssimo para a própria pessoa – idolatrá-la pelo mérito de todos e não saber reconhecer o valor que outros tiveram.

Talvez você não saiba, mas eu preciso lhe dizer: ninguém suporta a pessoa que vive o tempo inteiro falando de si própria, dos seus méritos, conquistas, vantagens, êxitos, prêmios. Você se torna a pessoa mais desagradável do mundo quando tudo que você fala gira em torno do "eu, eu e eu". A vida tem o "nós", "vocês", "ele", "ela"...

Eu não acredito nos extremismos; não se trata aqui de desprezar sua própria visão do mundo, ou a maturidade que cada um adquire ao longo da vida, as necessidades e responsabilidades de cada um. Não resta dúvida que precisamos pensar e cuidar do *eu*. O que quero frisar e insisto em afirmar é que o "eu" precisa ser aberto ao "nós" e ao "vós".

Tudo aquilo que sei e estou aprendendo na jornada da vida será muito mais eficiente se somado às experiências de outros. Nós erraríamos menos se ouvíssemos mais outros que podem nos ajudar a refletir melhor sobre a vida. Há decisões na vida que somente você pode tomar e ninguém pode tomá-las no seu lugar. Contudo, suas reflexões se tornam mais sábias, sensatas e equilibradas quando você é capaz de escutar a outros e tem disposição para ceder, escutar e repensar até o que você já decidiu.

O caminho da reflexão é para nos tornar pessoas melhores, mais sábias e sensatas. Ninguém se torna melhor pensando em si o tempo inteiro, não saindo de si, não sendo capaz de alargar os seus próprios horizontes para além das fronteiras do próprio ego, dos seus gostos e vontades.

C. PRECIPITAÇÃO

O mundo moderno, com todas as evoluções apresentadas nas últimas décadas, fez de nós pessoas apressadas. Quem não se apressa e não corre atrás do que quer, acaba ficando para trás. É tudo muito rápido e veloz, o que exige mais agilidade e capacidade de raciocínio ligeiro e automático. Perdemos a paciência rapidamente com demoras, filas e situações que exigem esperas. No trânsito, o carro mais rápido não pode esperar o carro mais lento, ou se desvia dele – muitas vezes até de forma errada – e alguns, se pudessem, passariam por cima do outro veículo.

A logística mercantilista consiste justamente na velocidade de se obter uma informação, uma reposta e uma decisão. O que é o bom é rápido e prático. Não se raciocina se é certo, se é melhor, se é preciso conferir do que se trata realmente... O fato é que precisa ser rápido, porque o que demora está atrasado e superado. Quando um acidente acontece em qualquer parte do mundo, a velocidade da informação chega para as pessoas em todos os cantos do planeta quase no mesmo instante do ocorrido. Porém, o risco de se informar de modo errado é enorme. Dependendo da prudência ou da falta dela em que informa, ficamos sabendo de forma imprecisa, equivocada e muitas vezes errada o que de fato aconteceu.

Eu poderia gastar um tempo enorme descrevendo as vantagens e sobretudo os prejuízos que tal mentalidade traz para nossa convivência humana, porém não quero correr o risco de me delongar muito num assunto que exige mais apreciação e não nos concentramos no ponto essencial, que é afobação do dia a dia que vivemos.

Não posso negar que, em meio a tanta pressão e da pressa que nos cerca, o risco de sermos precipitados nas decisões que tomamos é muito maior, e com certeza a possibilidade de errar também. Eu penso que, por causa das decisões precipitadas que tomamos ao longo do caminho, a nossa vida se vê dividida em duas partes: uma do caminho do precipício, e outra para corrigir as decisões precipitadas que tomamos. Infelizmente, nem toda precipitação se corrige – até se ameniza – mas muitas vezes se torna caminho sem volta, ou cuja volta é muito dolorosa.

O contrário da reflexão é justamente a precipitação ou falta de capacidade de raciocinar com a serenidade exigida para que a reflexão seja serena e sensata. Em todas as circunstâncias da vida, fuja de decisões precipitadas e apressadas.

Os grandes erros cometidos ao longo da História da humanidade aconteceram por precipitações e imprudências. Fazendo um exame muito sincero na nossa própria história pessoal, vamos logo perceber que ela também em várias épocas foi marcada pelos caminhos da irreflexão e do afobamento nas decisões tomadas.

A maturidade de uma pessoa se mede na capacidade de refletir bem o que ele quer da sua vida e das decisões a serem tomadas. Vencer a tentação de ser precipitado é uma exigência do dia a dia da vida humana, e isso nos torna mais capazes de refletir melhor antes das grandes decisões que precisamos tomar. Geralmente, se torna muito difícil ou mais doloroso reverter escolhas feitas no auge da precipitação.

A melhor definição para precipitação seria se jogar no precipício. Pode parecer trágica, mas é real. O fato é que uma série de escolhas precipitadas torna a nossa vida mais trágica, obscura e insana. O insensato geralmente é precipitado e agoniado. Eu penso que o caminho a ser percorrido deve começar pela nossa infância, e aí a necessidade de formamos melhor nossas crianças. Não se pode dar tudo que a criança quer, na hora que ela quer e como ela deseja.

Desde cedo precisamos aprender a refletir, a questionar, a escolher se realmente é o melhor a ser escolhido, se é o momento e se de fato precisamos disso ou daquilo.

Muitas pessoas caem no abismo de uma vida financeira errada, por escolhas precipitadas – para não dizer mal feitas – nessa área da vida. Não é porque tenho dinheiro, seja pouco ou muito, que devo me submeter a comprar tudo que vejo pela frente. Eu não acredito que seja um valor a pessoa que tenha "mão fechada" e seja mesquinha e não compre quase nada, guardando tudo e comprando somente o estritamente necessário. Dinheiro se deve administrar, usá-lo bem, guardar o que se faz necessário.

Evite os dois extremos: não seja aquela pessoa que não investe em nada, senão você também jamais progredirá, mas também nunca seja aquela pessoa que gasta com tudo que vir pela frente. Vida financeira descabeçada e sem planejamento e organização é precipitação e atropelos incontáveis na certa. Relembrando o tópico anterior, não seja precipitado e não compre tudo o que vir pela frente, só porque parece bonito e barato. Quanta coisa barata e bonita vira lixo no outro dia em nossas casas! Por outro lado, não imagine que a sabedoria seja comprar o mais caro porque é bom e melhor, pois assim vai arruinando a vida em dívidas, esperando o dia em que o dinheiro ou a solução para seus débitos caia do céu.

O caminho mais sensato é não se precipitar em dívidas. Endividamento com cartões de crédito, dinheiro emprestado a juros altos, esperar dinheiro que nem sei se vou receber e fazer gastos sem planejamento são exemplos das insanidades e precipitações financeiras tão comuns em nossos dias.

As possibilidades de precipitações na vida são tão grandes que mereciam uma obra somente para abordar a questão. Mas não posso deixar de falar do caminho mais comum da precipitação, que é *julgar pelas aparências*. Eu creio que, em algum momento, senão em vários, nos já escutamos a expressão "as aparências enganam". Você já deve ter cometido o erro de achar que era uma coisa e depois verificou que não se tratava do que você imaginava ser. A questão a ser tratada aqui não são as aparências, pois tratamos acima da propaganda enganosa. Mas quero falar da forma precipitada de julgarmos as coisas.

Todo julgamento é uma decisão ou um consentimento que fazemos sobre algo ou uma questão. Se a gente se engana com uma coisa que tem aparência bonita e julgamos ser boa, o contrário também é verdadeiro – muitas coisas que aparentemente vemos mal ou julgamos de forma errada e parecem não prestar, desprezamos sem de fato conhecê-las. Fazemos isso ao julgar pessoas pelo que vestem ou pelo que não vestem. Realizamos uma série de julgamentos mentais em referência a pessoas ou situações sem de fato conhecer de verdade sua história, seus argumentos e pensamentos. Julgamos pelo nosso olhar e pelo olhar do outro. Se alguém julgou uma coisa de um jeito, não significa que vou acolher e pensar da mesma forma que a outra pessoa.

O ideal é não julgar, mas conhecer bem, de verdade e de fato. Eu não costumo falar do que não conheço ou emitir uma opinião sobre aquilo que eu não tenho conhecimento. Eu vou ser precipitado, desonesto e limitado ao falar do que não sei. Geralmente, quando me pedem uma opinião sobre determinado assunto, eu falo a partir do que já sei sobre o assunto. Eu sei que meus posicionamentos formam opinião e o posicionamento de cada um de nós influencia quem estiver ao nosso lado. Porém, podemos constatar que muitos dos nossos posicionamentos são limitados, vagos, desonestos e preconceituosos. Assim nascem precipitações no pensar, no falar e, é claro, no julgar os outros.

Uma pessoa conheceu outra há pouco tempo e já disse para todos que conheceu "a melhor pessoa do mundo". É precipitada a afirmação tanto positiva, quanto negativa. Em pouco tempo não podemos conhecer bem a ninguém, mas nos lançamos num processo de conhecimento em que, através de um longo caminho, vai se desvendando o que de fato eu conheci num primeiro momento apenas de forma aparente.

Uma dica fundamental para não cair do precipício do julgamento é ser amigo do tempo, da paciência e da prudência. Nada que é julgado pelas aparências, na afobamento da pressa e na imprudência das circunstâncias pode ser bom e sensato.

D. PROCRASTINAÇÃO

Se de um lado a precipitação agoniza e até mata a capacidade de reflexão, a procrastinação delonga, atrapalha, retarda e perde o bom caminho sensato. Uma é tão danosa quanto a outra no processo de maturidade das decisões humanas. Uma pessoa procrastinadora é uma pessoa indecisa ou decidida sem convicção, ou mesmo naturalmente lenta, morosa e sem capacidade de assumir ou tomar decisões na vida. Muita morosidade representa perdas, danos e desordens no campo pessoal e comunitário.

A vida muitas vezes não perdoa. Há situações que exigem de nós respostas mais urgentes, decisões mais imediatas ou discernimentos que não sejam tardios. Muitas coisas se complicam, se perdem ou perdemos o controle ou a direção de muitas situações porque decidimos tarde demais para o tempo que era exigido.

O hábito de procrastinar nossas tomadas de atitudes e decisões pode passar a falsa ideia de sensatez ou cautela. Isso é na verdade um tremendo engano, porque a pessoa indecisa fica mais frágil, insegura e assim vai esvaziando a capacidade de arbitrar sobre a própria vida. Não se iluda e nem confie que o acaso e o tempo irão resolver questões que cabem a você resolver. Pode acontecer de não termos a melhor resposta ou nem a mais precisa para aquilo sobre o que precisamos tomar posição, mas é preciso demonstrar disposição de querer buscar o melhor caminho ou solução para esses entraves. A indiferença é a postura mais grave que pode demonstrar falta de compromisso e descaso para com as responsabilidades que nos cabem.

Não abra mão do planejamento, da organização, dos limites e prazos que temos para as questões que nos exigem. O mal hábito de tudo deixar para depois, para mais adiante ou para o dia em que for possível estremece nosso equilíbrio interior e nos leva a ter uma visão equivocada sobre a nossa própria personalidade.

Repetidos atrasos ou indefinições constantes geram um clima de insegurança, irresponsabilidade e incapacidade de gerir compromissos e responsabilidades. O velho lema é sempre novo a cada dia: "Não decida amanhã o que deve ser decidido hoje". O ato de sempre deixar para depois o que precisa ser feito agora culmina muitas vezes em frustrações e decepções. O "depois" chega atrasado e muito depois do que era necessário. Não confunda paciência com lentidão, nem prudência com indecisão. A pessoa reflexiva está sempre buscando o equilíbrio da cautela, do bom senso e da agilidade das exigências da vida.

E. RESSENTIMENTOS E EXCESSO DE SENTIMENTOS

Eu tratei, em capítulos anteriores, a abordagem de superar os ressentimentos e a importância de assumir os nossos sentimentos como caminhos para se buscar uma vida mais saudável e plena; mas, no contexto deste capítulo, eu quero abordar outro ângulo dos entraves que os ressentimentos e os excessos de sentimentos causam na nossa capacidade de reflexão.

Não podemos decidir questões da vida a partir dos nossos ressentimentos e nem ignorá-los em nossas reflexões. Os nossos ressentimentos são nossos sentimentos machucados ou contrariados. A boa reflexão deve nos conduzir, acima de qualquer coisa, à cura das nossas feridas, e jamais alimentar nossos ressentimentos e mágoas.

Não raciocine, decida ou faça escolhas baseando-se em feridas não curadas, nem em ressentimentos à flor da pele.

A melhor reflexão para um coração machucado é o caminho a ser percorrido para superar as mágoas. E não superamos entraves e dificuldades "cavando buraco". Quanto mais eu cutuco a ferida, mais ela cresce e demora a cicatrizar. Quando mais eu penso e acrescento ingredientes, e escuto falar mal da situação, não resta dúvida de que o mal só irá crescer, me atormentar e me fragilizar.

Quando eu quero consertar algo, eu preciso pensar e escolher os instrumentos e meios que irão realizar o que eu preciso fazer. Eu analiso o tamanho do estrago e faço todo esforço para amenizar os efeitos negativos dele, e me dedico a buscar os meios para saná-lo.

Se as mágoas atrofiam o caminho de uma boa reflexão, o excesso de emoções e de empolgação desvia a rota para a ebriedade, a perda da modéstia e o perigo da exasperação. É um risco inerente às escolhas feitas e aos rumos tomados no pico dos sentimentos. Se, de um lado, a empolgação é um excelente combustível para nossas motivações, a falta de entusiasmo arrefece as nossas escolhas. Contudo, se os excessos e exageros fazem muito mal para a vida, sentimentos acima da medida inibem as boas escolhas e a reflexão equilibrada.

O caminho do discernimento

A vida nos provoca a todo instante a fazermos escolhas, definir posições, repensar escolhas feitas e respondermos às interrogações para as quais muitas vezes não se tem resposta. Quem não reflete, não pensa nem faz um discernimento, corre o sério risco de se afundar em escolhas erradas ou mesmo cometer enganos e tropeços nas opções feitas.

Para ter discernimento, é preciso ter foco e saber por qual coisa de fato eu estou optando. É muito recorrente escutar a afirmação: "Eu não sabia que era isso", ou ainda: "Não foi isso que escolhi ou queria para mim". Mesmo tendo a melhor das intenções, podemos errar nas escolhas, nos arrepender delas, decidir por um novo caminho ou mesmo fazer outras opções. Contudo, o que nunca se pode ignorar é que a lei fundamental do discernimento é que toda escolha tem suas consequências. Ninguém pode determinar com exatidão o que virá na sequência dessa ou daquela escolha, mas se pode prever, analisar e se averiguar possibilidades.

Quanto mais equilíbrio, reflexão e discernimento eu aplico nas minhas escolhas, mais conscientes e sábias serão minhas opções.

Obviamente, eu posso errar, me arrepender e me frustrar, mas mesmo diante dessas vertentes, eu tenho muito mais capacidade de ajustar o caminho quando escolho discernir pela reflexão serena, do que pelo caminho das escolhas atropeladas.

Uma escola excelente no caminho do discernimento e da boa reflexão se chama *meditação*. Homens e mulheres ao longo de toda a História da humanidade se aplicaram por esta estrada e nos deixaram vários rastros, dicas e apontamentos de como a meditação diária se torna o caminho de luz e discernimento na arte do bem viver.

A sagrada meditação

Não coloque na cabeça que meditação é atividade para monges, eremitas, pessoas muito religiosas, silenciosas ou contemplativas. Não mesmo! Ainda que muitos façam isso como profissão ou se entreguem de uma forma mais apaixonada e profunda a esse ofício, a meditação é para todas as pessoas que querem viver a vida com mais intensidade. A falta de tempo e as muitas ocupações não podem ser desculpas para não fazê-la. Quem tem muitas obrigações a cada dia, muitas tarefas a cumprir ou tempo muito escasso deveria priorizar esse exercício para bem viver as demais obrigações da vida.

Meditação é uma atitude interior que exige a pessoa humana inteira no mesmo compasso, corpo, alma, mente e espírito focados numa mesma direção. A capacidade de concentração e fuga das distrações é fundamental para que se realize uma meditação profunda e eficaz. Vencer os devaneios da mente e do coração nem sempre é fácil e com a falta de prática e serenidade pode ser um verdadeiro martírio ou, ainda, gerar momentos de muita ansiedade e agitação interior.

Ninguém consegue realizar meditações fecundas se não se propõe a fazê-las. É uma escolha de vida e uma resposta serena que damos aos "demônios" que agitam nossa mente e nosso coração. A meditação nos proporciona mergulhar nas profundezas do nosso ser, que muitas vezes são desconhecidas até por nós mesmos. Ela nos torna mais serenos, equilibrados, espirituais e humildes. Somente quem se conhece de verdade pode compreender e suportar os limites e as fraquezas do outro. Mas não tenha dúvida de que a meditação diária é a maior riqueza que podemos oferecer à nossa vida e à de quem vive ao nosso lado.

No mundo veloz e de rápidas exigências onde vivemos, alguns podem ingenuamente achar que dedicar tempo à meditação seja uma grande perda de tempo, um contratempo ou desperdício de produtividade. É um tremendo engano, insensatez e talvez falta de noção depreciar, desmerecer e não se aplicar ao ofício da meditação.

O ativismo exigente dos dias de hoje transforma nossa vida em rotina automática e nos coloca em rota de colisão contra o nosso próprio interior, de modo que não temos tempo para cuidar das coisas interiores.

Se o ativismo moderno acelera a produção e o progresso, e a produtividade humana acelera, ele também dispara a fadiga, o estresse, a neurose, a ansiedade, a indiferença entre as pessoas e a depressão. Nada contra o progresso, o avanço da ciência e a facilidade gerada pelos meios modernos de tecnologia. Apenas se note que não podemos progredir para um lado e numa só direção. Crescem as conquistas externas, mas o nosso interior se deteriora por falta de prioridade e atenção.

Diante de pequenas e grandes insanidades cometidas no mundo, das injustiças da sociedade e dos desequilíbrios à nossa volta, o nosso próprio interior seria mais amenizado e curado se escolas de meditação fossem criadas em cada espaço de convivência humana.

Nas escolas e nas faculdades, não basta aprender teorias, conceitos e desenvolver talentos; a melhor escola é aquela que ensina os alunos a pensar, refletir e meditar sobre o que aprendem. A primeira escola da vida, que se chama *família*, é o melhor campo de aprendizado, discernimento e meditação. As melhores e as piores escolhas se fazem no seio de uma família. O papel de uma religião não é somente doutrinar seus fiéis. Ela toca no ponto mais sensível, sagrado e eminente da pessoa humana, que é o seu espírito. O sectarismo religioso é a escola mais perigosa da vida humana. Cometem-se muitas atrocidades, agressões e intolerâncias em nome do recrutamento religioso. Por outro lado, as religiões que se aplicam em cuidar da alma, do espírito e da mente para tornar o ser humano mais espiritual, mais sereno e sensato formaram verdadeiros mestres de meditação e de vida interior.

Como se medita?

O caminho da meditação não se faz de forma uniforme ou com uma fórmula consagrada para se repetir. Eu, pessoalmente, conheci muitos métodos e meios diferentes e muito eficientes de meditação. E cada método privilegia aspectos que favorecem a harmonia espiritual e o equilíbrio dos sentidos. Independentemente do caminho observado, o ponto de chegada é sempre o mesmo: *a paz interior*.

Num primeiro momento, a arte de meditação parece se tratar de algo muito abstrato e pouco concreto para quem vive acostumado às coisas sensíveis e materiais da existência. É comum se perder nos devaneios, experimentar inquietações de todas as ordens, agitações na mente e no espírito, a ansiedade nos acelerar e experimentarmos outras sensações como medo, instabilidade emocional, vontade chorar ou de gritar. Nada disso é ruim, preocupante ou perturbador, desde que haja uma sincera vontade de *meditar*.

O elemento fundamental é este: uma vontade não acostumada a se dobrar precisa de muita força de vontade para ir se dobrando e quebrando para querer se submeter à prática da meditação. Em outras palavras, eu preciso *querer* meditar. E preciso me dispor para que isso aconteça.

Seja impositivo com sua vontade. Imponha para si mesmo essa disposição de querer meditar e a faça acontecer. Ou eu domino minha vontade e quebro a má vontade para certas coisas, ou terei sempre uma vontade indisciplinada e mal acostumada.

Para se meditar bem, é preciso ter muita vontade ou mesmo querer ter essa vontade, pois há dias que não temos tanta vontade ou nenhuma vontade, mas o fazemos pelo desejo de querer fazer.

O segundo elemento que aplico como necessário é o recolhimento interior. Vou desenvolver adiante uma explanação maior sobre a necessidade da solidão interior para a solidez do espírito. Mas, quando me refiro a recolher, o significado da expressão é justamente este: *recolher o que está disperso.* A facilidade da dispersão e da distração na vida é muito facilitada em todos os lugares por onde andamos. E as distrações à nossa volta nos dispersam a tal ponto de nos roubar de nós e do essencial da vida.

Querer se recolher é querer juntar cacos, peças e recuperar a essência perdida em meio a elementos de fuga e de aflição, que nos aprisionam no seu caminho existencial.

A meditação tem um papel purificador para o coração humano; ela gera desapego, desprendimento e liberdade interior. Quando estamos muito presos ao nosso tempo, as nossas coisas e bem materiais, quando estamos amarrados a compromissos e expectativas, ou as carências afetivas geram dependências excessivas e escravizadoras, o caminho para se chegar a uma boa meditação é mais longo, mas não é impossível. Quanto mais disposição de desprendimento eu tiver, mais frutuosa será minha meditação.

A meditação busca trazer profunda harmonia e paz para o nosso interior. Quando há muita desarmonia dentro de nós, é mais do que normal a inquietação, o receio e o medo. Meditação é entrega e abertura para entrar em si e se conhecer do jeito que somos e como estamos.

A tarefa mais exigente para se meditar é o *silêncio interior*. Com tanta coisa borbulhando, gritando e clamando dentro de nós, o silêncio da alma torna-se uma exigência essencial para acalentar o coração.

Meditação, solidão na estrada e solidez na vida

Num primeiro momento, pode até parecer desconexa a ligação entre solidez e solidão, pois parecem duas realidades adversas. Mas o fato é que só se alcança solidez, sensatez e serenidade nas escolhas da vida, quem sabe viver com plenitude as ocasiões de solidão.

É necessário primeiro fazer uma distinção entre a solidão dos solitários e a solidão dos sábios. Não que os solitários não sejam sábios – até porque muitos são solitários não por escolha, mas por imposição da vida e por tantas circunstâncias que o levam a ser uma pessoa isolada e separada das demais. Eu, particularmente, acredito que ser solitário é algo nocivo e muito prejudicial para o desenvolvimento integral e pleno do ser humano. Não me parece sensato e conveniente transformarmos as angústias da solidão humana em caminhos que nos conduzam ao isolamento de tudo e de todos. Nenhum ser humano sozinho pode ser integrado, feliz e completo.

Pode-se entender e compreender que muitas pessoas encontraram um novo gosto pela vida quando se isolaram e se afastaram do mundo e das pessoas que as cercavam. Mas, aqui, se trata de rever a forma como lidamos com o mundo à nossa volta e quais as pessoas que estão à nossa volta. Em todas as religiões, há pessoas que vivem uma forma de vida de comunhão mais intensa com Deus, que se retiram em eremitérios, desertos ou numa vida monástica, cenobita e mais distante da convivência comum entre as pessoas. Essas pessoas nunca são solitárias; são amantes de um grau maior da solidão. São pessoas muito sólidas e que respiram serenidade apenas num olhar.

A solidão não se confunde com isolamento, mas ela muitas vezes somente é sólida e plena quando vivemos momentos de isolamento, silêncio e confronto com o nosso interior. Não podemos ter medo da solidão, mas devemos temer o isolamento e nos afastar de tudo que nos faz pessoas solitárias e isoladas do convívio humano e social. O isolamento alimenta nosso ego, nossa soberba e nossa indiferença para com o mundo. Mesmo vivendo no meio de tantas pessoas ou caminhando em meio a uma multidão, os riscos do isolamento são cada vez maiores, no mundo globalizado e tecnocrata em que vivemos.

Não tenha medo de querer viver seus momentos de solidão e de encontro consigo mesmo. Ame sua companhia. Abrace ficar bem com você. Estes momentos fortalecem o espírito, solidificam a alma e possibilitam mais serenidade para as adversidades do convívio humano.

A solidão bem vivida nos torna melhores para nós e para os outros. Ela pondera nossos pensamentos, equilibra nossa mente, nos desvia do excesso de conversas e falatórios e nos fazem ter mais equilíbrio diante das realidades.

A solidão da alma não é fuga das pessoas ou do mundo, mas a busca do melhor de nós, do equilíbrio da vontade, da sensibilidade e da razão. É busca com mais paixão, veemência e vontade da minha própria identidade, dos valores e da essência da própria vida, que facilmente se confunde com as constantes inquietações do nosso viver.

Frutos da meditação diária para a vida

Quem se aplica à meditação diária vai colhendo dia a dia os melhores frutos que tanto precisamos para acalmar a vida, direcionar os passos e descomplicar as situações difíceis. Contudo, não se medita de vez em quando ou apenas quando o cinto aperta; ou fazemos da meditação um alimento diário da nossa vida, ou o ritmo da nossa vida continuará sempre o mesmo: "caindo e levantando". E não há problema em cair e levantar; é que muitas quedas causam tanto impacto e estagnação, que muitos ficam prostrados e não se levantam mais. Comece hoje a meditar e se determine a fazê-lo a cada dia, com luta, persistência e recomeçando sempre; enfim, busque fazer da meditação diária o seu alimento de cada dia.

Os frutos de uma vida centrada na meditação são inúmeros. Mas quero mencionar alguns tão necessários e mais emergentes para a nossa vida.

A. SOBRIEDADE DE CORAÇÃO

Todos nós necessitamos de sobriedade no comer, no beber, no falar, no pensar, nos gestos e atitudes. Se a embriaguez tira a pessoa de si e a torna muitas vezes inconsequente, sem controle e limites no que faz, o sóbrio é sensato naquilo que realiza. A sobriedade é a virtude que nos permite evitar os excessos, sermos comedidos no que fazemos e priorizar o essencial.

B. SABEDORIA E PRUDÊNCIA

A sabedoria da vida não se confunde com conhecimentos científicos e acadêmicos, nem mesmo com a chamada esperteza do mundo, com a qual a pessoa se dá bem em tudo que faz, mesmo não se importando com os meios e artifícios que se usa para obter vantagens.

A sabedoria da vida é fruto, acima de tudo, da justiça e da prudência. Somente aqueles que são justos e corretos no que fazem podem saborear a autêntica sabedoria. Ela traz discernimento, bom senso e capacidade de escuta. Ela nos torna mais prudentes, atentos, cuidadosos e cautelosos em nossas atitudes. Ela nos previne da precipitação e nos desvia das delongas desnecessárias e prejudiciais da vida.

C. FORTALEZA E PACIÊNCIA

A sagrada meditação fortalece o coração, a mente e a vontade. As circunstâncias adversas da vida nos deixam muitas vezes fracos e impotentes. O cansaço e o desânimo batem à nossa porta e a vontade muitas vezes é de desanimar, desistir e jogar tudo para o alto.

Quem se desprende de si e busca no interior do coração luz e paz, encontra força e alento para caminhar. Todos os dias precisamos de ânimo e revigoramento para seguir adiante e não estagnar.

Quando a vontade se enfraquece, o efeito será cascata. Aos poucos, tudo mais será levado junto. Uma vontade fraca facilmente é vencida pelos obstáculos e dificuldades, e o desânimo se abate sobre toda a pessoa. A meditação diária são doses de fortalecimento constantes para a nossa vontade. Somente fortalecendo nossa vontade, teremos paciência, persistência e determinação para o que queremos e precisamos vencer.

Tudo que fazemos sem vontade fortalecida se torna enfadonho, e os frutos serão medíocres. Nem sempre a vontade quer, mas a necessidade e a determinação ressuscita e levanta a vontade adormecida.

A vida e a convivência humana são a arte de vencer desafios e enfrentar as contrariedades; ou temos paciência ou ficaremos aborrecidos, enfurecidos, nervosos, ansiosos, agitados e perturbados. A paciência é a virtude dos fortes. Podemos perder o melhor da vida pela falta de paciência, mas venceremos qualquer obstáculo se nos revestirmos dela.

Paciência não se compra no mercado nem se vende na farmácia. Somente quem se conhece de verdade e sabe o que invoca sua impaciência pode trabalhar seu próprio temperamento, ímpeto e força interior. Para se meditar com seriedade, é necessário muita paciência para alcançar a longanimidade e a resignação nas circunstâncias adversas da vida.

D. SERENIDADE E PAZ

O excesso de angústia e preocupação com nossos problemas rouba a nossa paz interior e a serenidade do nosso espírito. A meditação é a busca incessante e constante destes bens mais preciosos da alma. Somente quem não perdeu sua paz ou quem a conquistou novamente pode ter tranquilidade diante das situações complicadas e contrárias da vida.

No meio da agitação, da perturbação ou da exasperação, não se encontra a paz para suportar os conflitos nem a sabedoria necessária para discernir o melhor caminho. A saúde da alma e do nosso físico se encontra na paz interior. Muitas de nossas doenças e enfermidades no corpo, na mente e no espírito provêm do aniquilamento do coração e da sobrecarga dos problemas sobre a cabeça.

Na cultura e na religião judaica, as pessoas se cumprimentam desejando "shalom" umas às outras. Na nossa tradução, *shalom* é sinônimo de paz; porém, é uma paz muito mais plena e autêntica. Nela se concentra a saúde, a harmonia, a integridade, o bem-estar, o êxito, a vitória, a superação e a serenidade. Para os hebreus, *shalom* quer dizer saúde total. Quem tem *shalom* está plenamente bem e feliz. Não é um bem-estar que significa ausência de dores, problemas ou dificuldades, mas um bem que não se mistura com o mal, que não se rende e não se entrega às mazelas, maldades e perversidades. *Shalom* é a serenidade plena da vida.

Nada descomplica e simplifica mais a nossa vida do que viver o *shalom* em nós e semeá-lo pelos caminhos da vida. Porém, ninguém dá o que não tem. Todos os bens do mundo não seriam capazes de comprar ou conceder a paz de que tanto precisamos. Na maioria das vezes, o excesso de bens materiais rouba e aniquila a nossa paz. Busque no seu interior viver um itinerário espiritual que conduza seu coração e sua mente a buscar com todas as forças do seu ser o *shalom*.

A vida vai aos poucos levando tudo que adquirimos e possuímos; o único item necessário que não podemos deixar levar é o shalom. Quem perdeu o shalom perdeu tudo. Quem encontrou o shalom e vive nele, encontrou a vida!

Shalom!

Leia também:

RE
PENSANDO A
VIDA
reflexões simples,
como simples
deve ser a vida.
PE. ROGER ARAÚJO
Canção Nova

Administrar a
Própria Vida
O negócio mais urgente
Wellington Silva Jardim

DANIEL GODRI JUNIOR
JOSE MOREIRA GUEDES FILHO
GIGANTES DA
Fé,
GIGANTES DA
Vida
Canção Nova
EDITORA

A fonte utilizada no miolo é Adobe Garamond Pro.
O papel do miolo é off-set 70g/m² e o da capa é cartão 250g/m².

Viena Gráfica & Editora. Setembro de 2017.